Alexandre Le Petit Abomo Abomo

Conditions d'Exaucement: Pour que Dieu Agrée les Prières

Alexandre Le Petit Abomo Abomo

Conditions d'Exaucement: Pour que Dieu Agrée les Prières

Réponses favorables de Dieu

Éditions Croix du Salut

Imprint
Any brand names and product names mentioned in this book are subject to trademark, brand or patent protection and are trademarks or registered trademarks of their respective holders. The use of brand names, product names, common names, trade names, product descriptions etc. even without a particular marking in this work is in no way to be construed to mean that such names may be regarded as unrestricted in respect of trademark and brand protection legislation and could thus be used by anyone.

Cover image: www.ingimage.com

Publisher:
Éditions Croix du Salut
is a trademark of
International Book Market Service Ltd., member of OmniScriptum Publishing Group
17 Meldrum Street, Beau Bassin 71504, Mauritius

Printed at: see last page
ISBN: 978-3-8416-9964-0

Copyright © Alexandre Le Petit Abomo Abomo
Copyright © 2015 International Book Market Service Ltd., member of OmniScriptum Publishing Group
All rights reserved. Beau Bassin 2015

Table des Matières

TABLE DES MATIERES i

LISTE DES ABBREVIATIONS vi

Chapitre

1. INTRODUCTION 1

    Dilemme du non Exaucement 1
    Le Problème 2
    Le But du Livre 2
    Importance du Livre 2
    Délimitations 3
    Plan de Rédaction 4

2. SELON LA VOLONTE DE DIEU 5

    Bonnes Prières 5
        Selon sa Volonté 5
        Demander de bonnes choses 6
        La demande de Salomon 7
    Prières Inacceptables 7
        Prières adultérines. 8
        Le Mobile de la Prière 9
        La Volonté Permissive de Dieu 9
        La demande des Disciples 10

3. PRIER AVEC FOI 11

    Promesses Bibliques 11
        Promesses de Christ 11
        Promesse de Jacques 12
        Raisons de Croire 12
        Le Sacrifice de Christ 13

    Quelques secrets 13

Pour Parfaire la Foi 14
Pour Surmonter les Difficultés 15
Pour Eteindre l'Ennemi 15

4. AU NOM DE JESUS 16

Pourquoi le Nom de Jésus 16
    Le Nom Reçu par Christ 13
    Au Nom de l'Intercesseur 17
    Au Nom du Médiateur 18
Foi en ce Nom 18
    Pour la Prière 18
    Pour Chasser un Démon 19
    Pour d'Autres Miracles 19
    Aucun Autre Nom 20
    Pour Toute Forme de Requête 21

5. PERSISTANCE OU PERSEVERANCE 22

Importance de la Persistance 22
    Parabole de la Veuve et du Juge Injuste 22
    Parabole de l'Ami Persistant 23
Fréquence Requise 24
    Trois Fois le Jour 24
    Les Heures de Prière 24
    Jour et Nuit 25
    Vie de Prière de Jésus 26
    Prier en tout Temps 27

6. L'OBEISSANCE 28

Rôle de l'Obéissance 28
    Désobéissance et Perception de Dieu 28
    L'Etat du Cœur 28
    La Prière du Juste 29
Comment Obéir 29
    Craindre Dieu 30

    Le Commandement de Dieu 30
    Deux cas de Non-Exaucement 31
        Incidence de la Haine 31
        Défaut d'Amour 32

7. LA REPENTANCE 33

    La Praxis de la Repentance 33
        La Promesse de Dieu 33
        Eléments de la Repentance 34
    Péché et Repentance 34
        La Solution au péché 34
        Le Désir de Dieu 35
    La Bonté de Dieu 35
        Plaider avec les Humains 35
        Exaucer les Indifférents 35
        Lavement du Pécheur 36

8. ACCORD MUTUEL 37

    Promesse de Christ 37
        Prier d'Un Commun Accord 37
        La Raison de la Promesse 37
        Implication de la Promesse Divine 38
    Le Plan de Dieu pour l'Unité 38
        Le Sujet de Prière de Jésus 38
        Déclaration du Psalmiste 39
        L'Impact de l'Unité 39
    Illustrations 39
        Cas de la Pentecôte 39
        Cas des Hébreux à Babylone 40

9. LE JEÛNE 40

    Faux Jeûne 41
        Jeûne Ostentatoire 41
        Oppression dans le Jeûne 42

Les Occasions du Jeûne	43
Cas de Grande Détresse	43
Ecarter un Danger Menaçant	43
Recherche de la Direction Divine	44
Pour Accompagner le Jeûne	45
La Prière	45
La repentance des Péchés	45
L'Humiliation	46
La Lecture des Saintes-Ecritures	47
L'Abstinence Sexuelle	47
Les Avantages du Jeûne	48
Elévation Spirituelle	48
Elévation Générale	48
La Lumière	49
Exaucement de Dieu	49
La Guérison	49
Comment Pratiquer le Jeûne	50
Les Types de Jeûnes	50
La Durée du Jeûne	50
10. LA PRIERE DU SEIGNEUR	**52**
Notre	52
La Prière d'Ensemble	52
Père Céleste	53
Nom Sanctifié	54
Comment le Sanctifier	54
Adoration et Obéissance	54
Le Règne Vient	54
Le Pain de ce Jour	55
Le Pardon des Offenses	55
Eviter la Tentation	56
La Consécration à Dieu	56
11. CONCLUSION	**57**
Appendices	59

A.	ABBREVIATION DES TEXTES BIBLIQUES	59
B.	CANTIQUE HYMNES ET LOUANGES	61

BIBLIOGRAPHIE 62

LISTE.DES ABBREVIATIONS

AT	*Ancien Testament*
NT	*Nouveau Testament*
Vol	*Volume*
v.	Verset
vs.	Versets

CHAPITRE 1

INTRODUCTION

La question de non-exaucement des prières des enfants de Dieu met les Chrétiens dans une sorte de dilemme spirituel. Depuis le temps de Seth, au moment où « l'on commença à invoquer le nom de l'Eternel» (Gen 4:26), jusqu'à nos jours, les prières des enfants de Dieu abondent. Le Dictionnaire de l'imagerie biblique[1] révèle que la Bible contient près de cinquante longues prières, et plusieurs centaines de courtes prières ou de références aux prières.

Ce qui est gênant c'est qu'un grand nombre d'entre elles ne reçoivent aucune réponse favorable de la part de Dieu. Certaines sont exaucées[2] (Psa 99:6; 118:5; 138:3; Jn 4:10,14; 14:14.), tantôt immédiatement (Ésa 65:24; Dan 9:21,23; 10:12), tantôt avec un délai (Luc 18:7), tantôt au-delà de nos attentes des croyants (Jér 33:3; Éph 3:20). D'autres malheureusement demeurent sans réponses. Les Chrétiens du monde entier et de toutes les obédiences religieuses font l'expérience triste du non exaucement de leurs prières. Ils peuvent dire comme David, « Mon Dieu ! Je crie le jour, et tu ne réponds pas; La nuit, et je n'ai point de repos. Pourtant tu es le Saint, Tu sièges au milieu des louanges d'Israël » (Psa 22:2-3).

Paradoxalement, au regard des Saintes Ecritures, Dieu est tellement amour qu'il est prêt à répondre favorablement aux demandes de ses enfants. Le Psalmiste dit dans Psa 86:5, « Car tu es bon, Seigneur, tu pardonnes, Tu es plein d'amour pour tous ceux qui t'invoquent ». Cet amour est d'ailleurs évident dans 1 Jn 4:8, « celui qui n'aime pas n'a pas connu Dieu, car Dieu est amour ». L'Apôtre Paul parle de cet amour de Dieu en ces termes, « lui, qui n'a point épargné son propre Fils, mais qui l'a livré pour nous tous, comment ne nous donnera-t-il pas aussi toutes choses avec lui ?» (Rom 8:32).

---

[1] Leland Ryken, Jim Wilhoit, Tremper Longman et al., *Dictionary of Biblical Imagery*, electronic ed. (Downers Grove, IL: InterVarsity Press, 2000, c1998), 659.

[2] R.A. Torrey, *The New Topical Text Book : A Scriptural Text Book for the Use of Ministers, Teachers, and All Christian Workers* (Oak Harbor, WA: Logos research Systems, Inc., 1995, c1897).

Une chose étonnante est que le Dieu amour recommande à ses enfants de prier[3], quelques fois, dans un ton impératif mais ces derniers ne sont parfois pas exaucés. Ces recommandations de prier sont pourtant accompagnées des promesses d'exaucement multiples provenant de celui qui ne saurait mentir. Il est en effet écrit dans Nom 23 :19 que « Dieu n'est point un homme pour mentir, ni fils d'un homme pour se repentir. Ce qu'il a dit, ne le fera-t-il pas? Ce qu'il a déclaré, ne l'exécutera-t-il pas?».

Face au dilemme du non-exaucement malgré la bonté et les promesses infaillibles de Dieu, plusieurs se demandent ce qu'ils doivent faire afin que Dieu réponde favorablement à leurs demandes. Il conviendrait pour eux de savoir s'il y a des conditions préalables à découvrir et à remplir afin que l'Eternel soit favorable à leurs requêtes multiples et incessantes.

Le problème qui se pose est que si les prières des chrétiens ne sont pas exaucées, ils risquent ne pas trouver de raison suffisante pour continuer à prier. Il ne serait pas étonnant de voir certains d'entre eux céder au découragement et tourner le dos à Jésus en raison de leurs multiples préoccupations pour lesquelles ils pensent ne pas avoir de solution.

L'objectif de ce livre est justement d'investiguer les différentes conditions à remplir pour que les prières des enfants de Dieu soient toujours favorables devant l'auguste trône de sa majesté Divine. Il est question de découvrir ce qu'il faut faire pour avoir une réponse divine, que les prières soient orales ou mentales, occasionnelles ou constantes, formelles ou informelles. Certains[4] pourraient implorer l'Eternel (Exo 32 :11); répandre leur âme (1Sam 1 :15) ; prier et crier au ciel (2Chro 32 :20) ; avoir recours à Dieu et implorer le Tout-Puissant (Job 8 :5) ; ou fléchir les genoux (Éph 3 :4). Dans tous ces cas, il est nécessaire de découvrir ce qu'il faut savoir de plus pour que les prières soient acceptées par Dieu.

Une telle étude peut permettre d'accroître le nombre de prières exaucées parmi les chrétiens. Puisque Jésus a prévu qu'un certain nombre miracles accompagneraient ceux qui auront cru, les prières des enfants de Dieu pourront ainsi être à l'origine de certaines interventions miraculeuses de Dieu parmi les humains. Il y aurait des actes qui dérogent aux lois naturelles, des prodiges et des choses étonnantes, objets de la puissance divine qui agit par le biais de la prière.

---

[3] Luc 21:36; 22:40,46; 10:2; 6:26; Mar 13:18,33; 14:38; Mat 26:41; Jas 5:16; 1Thes 5:17; Eph 6:18; etc.

[4] M.G. Easton, *Easton's Bible Dictionary* (Oak Harbor, WA: Logos Research Systems, Inc., 1996, c1897).

Dès lors que certains de ceux qui ne croient plus à l'exaucement Divin se seraient tournés, comme dans l'Ancienne Israël vers les marabouts, les devins et des occultistes, plusieurs pourront ainsi trouver une raison suffisante pour ne plus employer ces méthodes non chrétiennes et revenir entièrement à l'Eternel. La satisfaction qui résulterait des prières exaucées pourrait accroître la foi des enfants de Dieu et leur garantir un meilleur épanouissement spirituel.

Le présent ouvrage ne prétend pas être un catalogue exhaustif des conditions d'exaucement, mais le recensement et l'analyse d'une huitaine de principes qui gouvernent les réponses favorables aux prières. Le livre se borne à analyser objectivement les principes qui sont présentés par la Bible et la Bible seule, en vue d'une meilleure implémentation de ceux-ci.Toutefois, plusieurs littératures nommément citées sont consultées pour confronter la réflexion à celles des autres auteurs. Celles-ci sont essentiellement en Anglais en raison de leur accessibilité et de leur pertinence. De ce fait, l'analyse est :

- Exégétique et herméneutique: L'exégèse s'occupe[5] simplement de la signification du texte, pour l'auteur et ses destinataires anciens, mais pourrait aussi être menée en considérant l'application dans la situation contemporaine appelée « exposition». L'herméneutique[6] par la suite donne l'explication du texte dans le siècle présent.
- Existentielle, c'est-à-dire que la découverte des conditions à remplir pour que Dieu réponde aux prières devra trouver son application dans le vécu quotidien du Chrétien. La Bible devrait parvenir à révéler pratiquement ce qu'il faut faire pour s'assurer que Dieu répondra aux prières.
- Non allégorique: La découverte des conditions d'exaucement ne devrait pas résulter d'une explication devinée du sens littéral des textes bibliques. De ce fait, l'interprétation de la Bible ne devrait être ni biaisée, ni influencée par des présuppositions personnelles ou apologétiques.
- Homilétique: L'homilétique pourrait se définir comme l'étude du contenu, de la manière et de la méthode de la prédication.[7] Ainsi donc, l'analyse de la Bible devra avoir un impact sur le contenu, la manière et les méthodes de prédications basées sur les prières, pour que les auditeurs puissent être plus fréquemment exaucés.

---

[5] Allen C. Myers, 361.

[6] Allen C. Myers, 526.

[7] Daniel G. Reid, Robert Dean Linder, Bruce L. Shelley and Harry S. Stout, *Dictionary of Christianity in America* (Downers Grove, Ill.: InterVarsity Press, 1990).

Dans le but d'étudier les différentes conditions que Dieu a établies dans le Bible afin de répondre favorablement aux prières, il est question dans un premier temps de voir l'impact de la volonté de Dieu dans requête qui lui est adressée. Par la suite, il est question de voir pourquoi la prière doit être accompagnée de foi. Le chapitre qui suitconsidère le rôle du nom de Jésus dans la prière. Dans les chapitres qui suivent, l'influence de la persistance, de l'obéissance de la repentance et de l'accord mutuel sur la réponse aux prières est analysée. Par la suite, l'apport du jeûne est examiné. Enfin, le modèle de prière enseigné par Jésus est analysé pour en ressortir les principes qui le gouvernent.

CHAPITRE 2

SELON LA VOLONTE DE DIEU

Certaines prières ne sont pas exaucées parce qu'elles ne s'accordent pas avec la volonté de Dieu ou avec le plan merveilleux de Dieu pour ses enfants. Bien que nous adressions souvent nos requêtes à Dieu, l'Apôtre Paul nous informe que « nous ne savons pas ce qu'il nous convient de demander dans nos prières» (Rom 8 :26). Il dit aussi dans le même contexte que les gens demandent et ne reçoivent pas parce qu'ils demandent mal. Le présent chapitre s'évertue à investiguer les moyens par lesquels il serait possible de bien demander.

Bonnes Prières

Une prière sera réputée bonne parce qu'elle s'accorde au plan de Dieu, parce qu'elle intéresse l'Éternel, à l'instar de celle de Salomon qui avait plu à Dieu. Revoyons en détail ce que la Bible dit sur ce sujet.

Selon Sa Volonté

L'Apôtre Jean déclare dans 1 Jean 5:14 que « nous avons auprès de lui cette assurance, que si nous demandons quelque chose selon sa volonté, il nous écoute ».La prière de Jésus à Gethsémané démontre aussi que la demande doit se conformer à la volonté de Dieu. Lorsque le Seigneur contemplait la coupe qu'il devait boire, « Il disait: Abba, Père, toutes choses te sont possibles, éloigne de moi cette coupe ! Toutefois, non pas ce que je veux, mais ce que tu veux » (Mar 14:36). La prière de Christ s'accorde avec son obéissance inconditionnelle à son Père céleste (voir Psa 40:8; Jn 4:34; 5:30; Jn 6.38, 39; 12:27; 18:11; Phil 2.8; Héb 5:7,8).[8]

Les prières pour le salut des humains vont évidemment dans le plan de Dieu (Jean 3 :17). Cependant, les choses telles[9] que les biens matériels, une carrière

---

[8]SociedadeBíblicadoBrasil, *ConcordânciaExaustiva Do ConhecimentoBíblico* (SociedadeBíblica do Brasil, 2002; 2005), Mk 14:36.

[9]Walter A. Elwell and Philip Wesley Comfort, *Tyndale Bible Dictionary*, Tyndale reference library (Wheaton, Ill.: Tyndale House Publishers, 2001), 1070.

particulière, la santé, bien qu'elles soient bonnes en soit, ne seraient pas toujours meilleures dans la sagesse infiniment variée de Dieu. C'était le cas de la guérison du fils de David et de Bethsheba (2Sam 12 :15-23) et de l'écharde de Paul (2Cor 12 :7-9). Dieu peut se rendre compte que certaines choses apparemment bonnes ne concourent pas au bien de ses serviteurs (Rom 8 :28).

De même, dans la prière qu'il enseigne aux disciples, il leur dit dans Matthieu 6:9-10, « Voici donc comment vous devez prier: … que ta volonté soit faite sur la terre comme au ciel ». Cette prière sera revue en détail au dernier chapitre. C'est donc dire que la volonté de Dieu doit prévaloir dans la prière. Cette volonté de Dieu est pour le bien de ceux qui l'aiment, car « toutes choses concourent au bien de ceux qui aiment Dieu, de ceux qui sont appelés selon son dessein » (Rom 8 :28). Il ne faudrait donc pas se décourager si on remarque que les prières qui ne suivent pas le plan Divin demeurent sans réponses.

Demander de Bonnes Choses

La promesse d'exaucement faite par Jésus dans Matthieu 7 à quiconque demande, cherche ou frappe est conditionnée par la fait que la personne demande « de bonnes choses » (v.11). Les exemples de choses à demander que Jésus cite ici sont le pain et le poisson (v.9), des besoins physiques réels. Jésus dit dans Mat 7:7-8, « Demandez, et l'on vous donnera; cherchez, et vous trouverez; frappez, et l'on vous ouvrira. Car quiconque demande reçoit, celui qui cherche trouve, et l'on ouvre à celui qui frappe.» (v.8, 9). Il conclut en disant au verset 11, « Si donc, méchants comme vous l'êtes, vous savez donner de *bonnes choses*[10] à vos enfants, à combien plus forte raison votre Père qui est dans les cieux donnera-t-il de *bonnes choses* à ceux qui les lui demandent ».

L'une des bonnes choses à demander dont on a l'assurance de l'exaucement c'est la sagesse. L'Apôtre Jacques écrit dans Jas 1 :5, «Si quelqu'un d'entre vous manque de sagesse, qu'il la demande à Dieu, qui donne à tous simplement et sans reproche, et elle lui sera donnée.» D'autres choses que la Bible recommande de demander sont la paix (Psa 122 :6), la voie du Seigneur (Jér 6 :16), la pluie (Zach 10 :1), le Saint-Esprit (Lc 11 :13) etc. Une chose est bonne à demander par rapport au jugement de Dieu qui, par amour, peut se sacrifier pour l'homme et qui voit la fin de toute chose dès son commencement.

---

[10] Emphase mienne.

La demande de Salomon

Dieu était apparu à Salomon à Gabaon et lui avait dit de demander ce qu'il voulait pour que cela lui accordé. La prière que fit Salomon par la suite n'avait rien d'égoïste. Dieu remarqua qu'il ne demanda pour lui ni une longue vie, ni des richesses, ni la mort de ses ennemis. Au contraire, sa prière était la suivante : « Accorde donc à ton serviteur un cœur intelligent pour juger ton peuple, pour discerner le bien du mal ! Car qui pourrait juger ton peuple, ce peuple si nombreux ?» (1 Roi 3:9).

L'intelligence qu'il demandait n'avait pas pour but de satisfaire son ego ni de dénigrer, rabaisser ou mépriser ceux qui n'en avaient pas assez. Au contraire, il priait pour le bien du peuple qu'il dirigeait. La contrepartie fut heureuse.Cette demande plut au Seigneur au point où Dieu l'exauça au-delà de sa requête et au-delà de ses attentes. Dieu lui dit dans 1 Roi 3:11-13,

> Puisque c'est là ce que tu demandes, puisque tu ne demandes pour toi ni une longue vie, ni les richesses, ni la mort de tes ennemis, et que tu demandes de l'intelligence pour exercer la justice, voici, j'agirai selon ta parole. Je te donnerai un cœur sage et intelligent, de telle sorte qu'il n'y aura eu personne avant toi et qu'on ne verra jamais personne de semblable à toi. Je te donnerai, en outre, ce que tu n'as pas demandé, des richesses et de la gloire, de telle sorte qu'il n'y aura pendant toute ta vie aucun roi qui soit ton pareil.

Il est convenable que les enfants de Dieu fassent des prières qui plaisent au Seigneur afin d'être toujours exaucées.Il conviendrait de ne pas demander des choses qui nous inciteraient à nous éloigner de Dieu ou à violer sa sainte loi.

Prières Inacceptables

Certaines prières sont inacceptables soit parce qu'elles sont perçues comme adultérines, soit alors en raison de leur mobile qui ne tient pas devant l'Eternel. Les disciples de Jésus avaient autrefois formulé une telle prière et ne pouvaient donc pas recevoir de réponse favorable devant le Maître.

Prières Adultérines

L'Apôtre Jacques qualifie certaines prières d'adultérines, soit parce qu'elles sont faites dans le but de satisfaire des passions, soit alors motivées par l'amour du monde. Il est écrit dans Jas 4:3-4, « Vous demandez, et vous ne recevez pas, parce que vous demandez mal, dans le but de satisfaire vos passions. Adultères que vous êtes! Ne savez-vous pas que l'amour du monde est inimitié contre Dieu ? Celui donc qui veut être ami du monde se rend ennemi de Dieu. »

C'est le cas par exemple d'un Chrétien qui demande à Dieu de doubler son salaire, afin d'aller conquérir les prostituées[11]. C'est aussi le cas de quelqu'un qui prie pour avoir le pouvoir de se venger de ses ennemis, tandis que Dieu est contre la vengeance (Rom12 :19-21). Une prière mue par l'amour du monde peut être qualifiée d'adultérine et demeurer simplement sans réponse. Par contraste, les bénédictions de la rédemption telles que le pardon des péchés, la sanctification, la force et la sagesse d'accomplir l'œuvre de Dieu, ne sauraient être perçues comme adultérines (Psa 84:11; Luc 11:13; Jn 6:37; 1 Thes 4:3; Jas 1:5).[12]

Commentant sur le texte de Jacques 4 :3-4, Arnold G. Fruchtenbaum[13] remarque que le mot Grec pour « passions » trouve son origine dans « l'hédonisme ». Il se réfère à celui qui vit seulement pour le plaisir, à celui qui désire ce qui n'est pas sien, ce qui ne lui appartient pas en toute légalité. Jésus est sans doute prêt à répondre à la prière[14] mais celle-ci doit concourir à rendre gloire à Dieu (Jn 14 : 13-14 ; voir 1Cor 10 :31) et non à satisfaire les passions.

La demande peut paraitre bonne aux yeux de celui qui prie, tandis qu'elle peut être mauvaise aux yeux de Dieu. Nous sommes enfants par rapport à Dieu. Quand un père refuse de donner un couteau très tranchant ou une lame de rasoir à son enfant de deux ans, il sait pourquoi. L'enfant cependant ne le comprend pas. Les pensées des hommes sont tellement éloignées de celles de Dieu et leurs prières peuvent être

---

[11] Voir sur ce sujet Exo 20:14; Deut 5:18; 1Cor 6 :15-19 ; Prov 23 :26-28.

[12] Walter A. Elwell and Philip Wesley Comfort, *Tyndale Bible Dictionary*, Tyndale reference library (Wheaton, Ill.: Tyndale House Publishers, 2001), 1070.

[13] Arnold G. Fruchtenbaum, *The Messianic Jewish Epistles: Hebrews, James, First Peter, Second Peter, Jude*, 1st ed. (Tustin, CA: Ariel Ministries, 2005), 287.

[14] Simon J. Kistemaker and William Hendriksen, vol. 14, *New Testament Commentary: Exposition of James and the Epistles of John*, (Grand Rapids: Baker Book House, 1953-2001), 132.

contraires à la volonté de Dieu. C'est pourquoi il déclare dans Esa 55:8-9, «mes pensées ne sont pas vos pensées, et vos voies ne sont pas mes voies, dit l'Éternel. Autant les cieux sont élevés au-dessus de la terre, autant mes voies sont élevées au-dessus de vos voies, et mes pensées au-dessus de vos pensées ».

Le Mobile de la Prière

Christ évoque la question de mobile lorsqu'il enseigne sur la prière. Il fustige les prières des hypocrites dont le mobile réel est d'impressionner les hommes. Par conséquent, ils ne reçoivent pas de réponse. Leur seule récompense ne peut être que les acclamations des hommes. Dans son sermon sur la montagne, il dit dans Mat 6:5-8: « Lorsque vous priez, ne soyez pas comme les hypocrites, qui aiment à prier debout dans les synagogues et aux coins des rues, pour être vus des hommes. Je vous le dis en vérité, ils reçoivent leur récompense.»

Jésus poursuit en donnant une recommandation sur les conditions dans lesquelles Dieu doit combler les attentes. Il dit, « mais quand tu pries, entre dans ta chambre, ferme ta porte, et prie ton Père qui est là dans le lieu secret; et ton Père, qui voit dans le secret, te le rendra. En priant, ne multipliez pas de vaines paroles, comme les païens, qui s'imaginent qu'à force de paroles ils seront exaucés ». La raison qu'il donne pour soutenir son argumentation est que votre père sait de quoi vous avez besoin avant que la demande ne lui soit adressée. La prière se veut donc non-ostentatoire et explicite.

La Volonté Permissive de Dieu

Dans sa volonté permissive, il peut arriver que Dieu donne aux hommes ce qui n'est pas bien pour eux parce qu'ils s'obstinent à persister dans la demande en raison de leur égarement. C'était le cas du peuple d'Israël dont la demande n'était pas conforme à la volonté de Dieu et ne garantirait pas leur bonheur. Au vue des hommes, ils allaient se conformer aux cultures de leur époque en obtenant un roi comme les nations qui les entouraient. Ils allaient ainsi abandonner la théocratie telle que instituée et recommandée par Dieu, pour un autre régime politique. Dieu les avertit en disant,

> Voici quel sera le droit du roi qui régnera sur vous. Il prendra vos fils, et il les mettra sur ses chars et parmi ses cavaliers, afin qu'ils courent devant son char ;

il s'en fera des chefs de mille et des chefs de cinquante, et il les emploiera à labourer ses terres, à récolter ses moissons, à fabriquer ses armes de guerre et l'attirail de ses chars… Il prendra vos serviteurs et vos servantes, vos meilleurs bœufs et vos ânes, et s'en servira pour ses travaux. Il prendra la dîme de vos troupeaux, et vous-mêmes serez ses esclaves. Et alors vous crierez contre votre roi que vous vous serez choisi, mais l'Éternel ne vous exaucera point.(1 Sam 8 :11-18)

Dans sa volonté permissive, Dieu leur permit d'avoir un roi selon leur cœur, mais c'était évidemment pour leur souffrance telle que décrite plus haut. La contrepartie de cette volonté permissive était qu'ils allaient crier à l'Eternel, prier, mais Dieu ne les exaucerait plus.

La Demande des Disciples

Jacques et Jean, deux disciples de Jésus, avaient adressé à leur maître une prière qu'il avait refusé d'exaucer (Luc 9 :52-56). En allant à Jérusalem Jésus demanda un logement dans un village des Samaritain mais on ne le reçut pas. Jacques et Jean demandèrent à Jésus le pouvoir de faire descendre le feu du ciel afin de les détruire ces gens inhospitaliers. La Bible rapporte dans Luc 9 :55-56 que « Jésus se tourna vers eux, et les réprimanda, disant : Vous ne savez de quel esprit vous êtes animés. Car le Fils de l'homme est venu, non pour perdre les âmes des hommes, mais pour les sauver. Et ils allèrent dans un autre bourg » (v. 55-56).

S'il certains Chrétiens lisent des Psaumes pour se venger de leurs adversaires ou tout simplement pour nuire à autrui, leurs prières ne sont pas exaucées par Jésus. La puissance qui agit vient d'ailleurs, car Jésus n'exauce pas de telles prières. Le conseil de l'Apôtre Paul aux Éphésiens nous permet d'identifier cette autre puissance, «l'esprit qui agit maintenant dans les fils de la rébellion » (Éph 2 :2).

CHAPITRE 3

PRIER AVEC FOI

Jésus avait fait des déclarations dans les évangiles lors de ses guérisons miraculeuses qui démontrent que pour que les prières soient exaucées, il faudrait qu'elles soient accompagnées de foi.

Promesses Bibliques

Il y a tellement de preuves dans la Bible qui démontrent que les prières faites avec foi méritent d'être exaucées. Dans le NT, on trouve par exemple les promesses de Christ, celle de Jacques, et bien d'autres raisons de croire telles que le sacrifice de Christ.

Promesses de Christ

Les promesses de Jésus sur la nécessité de la foi en vue de l'exaucement sont claires. Il disait par exemple à ses disciples, après avoir miraculeusement fait sécher un figuier par la parole que « tout ce que vous demanderez avec foi par la prière, vous le recevrez » (Mat 21:22). Il annonce également dans Mar 16:17-18 qu'un certain nombre de miracles doivent accompagner ceux qui auraient la foi en ces termes : « Voici les miracles qui accompagneront ceux qui auront cru: en mon nom, ils chasseront les démons; ils parleront de nouvelles langues; ils saisiront des serpents; s'ils boivent quelque breuvage mortel, il ne leur fera point de mal; ils imposeront les mains aux malades, et les malades, seront guéris ».

Jésus déclare encore dans Mar 11:24, « C'est pourquoi je vous dis: Tout ce que vous demanderez en priant, croyez que vous l'avez reçu, et vous le verrez s'accomplir». Christ illustra la nécessite de la foi lorsque les disciples étaient paniqués dans une barque couverte par les flots au milieu d'une mer orageuse. Lorsqu'ils croyaient être en danger de mort, Jésus leur dit, « Pourquoi avez-vous peur, gens de peu de foi ? Alors il se leva, menaça les vents et la mer, et il y eut un grand calme » (Mat 8 :26).

Plusieurs fois, Jésus guérissait ceux qui venaient à lui et leur disait : « ta foi t'a sauvé ». C'était le cas de la femme atteinte d'une perte de sang depuis douze ans qui toucha son vêtement (Mar 5 :34). C'était aussi le cas de la guérison de l'aveugle Bartimée qui recouvra sa vue (Mar 10 :52). C'était aussi le cas de la femme pécheresse qui oignit les pieds de Jésus et dont les nombreux péchés furent pardonnés (Luc 7 :50). C'était le cas du lépreux qui avait été guéri par Jésus (Luc 17 :19). C'était le cas de l'aveugle mendiant que Jésus guérit près de Jéricho (Luc 18 :42). Toutes ces guérisons prouvent que les requêtes adressées à Jésus doivent être accompagnées de foi.

Promesse de Jacques

Jacques fit une promesse qui démontre également l'importance de la foi dans l'exaucement. Il dit dans Jacques 1 :5-8,

Si quelqu'un d'entre vous manque de sagesse, qu'il la demande à Dieu, qui donne à tous simplement et sans reproche, et elle lui sera donnée. Mais qu'il la demande avec foi, sans douter; car celui qui doute est semblable au flot de la mer, agité par le vent et poussé de côté et d'autre. Qu'un tel homme ne s'imagine pas qu'il recevra quelque chose du Seigneur: c'est un homme irrésolu, inconstant dans toutes ses voies.

Cette déclaration laisse entrevoir que le doute est un facteur déterminant pour le non-exaucement des prières adressées à Dieu. Le doute, s'oppose à la foi et empêche au Chrétien de recevoir quoi que ce soit du Seigneur. Une personne qui est habité par le doute est considérée comme étant irrésolue, et inconstante dans ses voies.

Raisons de Croire

Plusieurs chrétiens, bien que fréquentant des églises, peuvent avoir des difficultés à croire en Dieu pour des raisons diverses. L'Apôtre Pierre présente cette difficulté lorsqu'il parle dans 1Pi 1 :8 de « Celui que vous aimez sans l'avoir vu, en qui vous croyez sans le voir encore, vous réjouissant d'une joie ineffable et glorieuse ». Comment cela peut-il être possible ? Croire sans avoir vu ?

Les choses qui sont rapportées au sujet de Jésus, un personnage historique réel, sont suffisantes pour susciter la foi aux lecteurs de la Bible. Point n'est besoin de questionner l'authenticité de la Bible, car un historien comme Joseph Flavius[15] confirme la réalité de son existence sur notre planète. Cet homme cite nommément[16] Jean Baptiste, Jésus, Jacques le frère de Jésus. Flavius donne son *tesotetimonium flavianum* ou « témoignage de Flavius» qui confirme l'autorité du NT en général, et des Évangiles en particulier.

H.L. Willmington[17] cite une quarantaine de types de promesses que Dieu fait au croyant afin de s'assurer que sa foi ne défaille pas lorsqu'il prie. Certaines sont données explicitement, d'autres indirectement et d'autres encore s'adressent aux personnages bibliques mais peuvent être appropriées par ceux qui prient aujourd'hui.

Ces promesses concernent la vie abondante (Jn 10 :10) ; la couronne de vie (Apoc 2 :10) ; une habitation céleste (Jn 14 :1-3) ; un nom nouveau (Esa 62 :1-2) ; des réponses aux prières (1Jn 5 :14) ; l'assurance (2Tim 1 :12) ; la purification (Jean 15 :3) ; des vêtements (Zach 3 :4) ; le confort (Esa 51 :3) ; la compagnie (Jn 15 :15) ; le confort (Esa 51 :3) ; La délivrance (2Tim 4 :18) ; un père divin (1Jn 3 :1-2) ; la vie éternelle (Jn 3 :16) ; la communion avec Jésus (Mat 18 :19) ; le port des fruits (Jn 15 :4-5) ; les dons de l'Esprit (1Cor 12) ; la gloire des justes (Mat 13 :43) ; la protection de Dieu (1Pi 5 :6-7) ; la croissance (Éph 4 :11-15) ; la direction (Esa 42 :16) ; l'espérance (Héb 6 :18-19) ; l'héritage (1Pi 1 :3-4) ; la joie (Esa 35 :10) ; la connaissance (Jér 24 :7) ; la liberté (Rom 8 :2) ; la paix (Jn 14 :27) ; la puissance pour le service (Jn 14 :12) ; le renouveau (Tite 3 :5) ; le repos (Héb 4 :9,11) ; la restauration (Ésa 57 :18 ; 1Jn 1 :9) ; La résurrection (Rom 8 :11) ; des riches récompenses (Mat 10 :42) ; la plénitude spirituelle (Jn 6 :35) ; la guérison spirituelle (Osée 6 :1) ; la lumière spirituelle (Jn 12 :46) ; les trésors spirituels (Mat 6 :19-20) ; la force (Phil 4 :13) ; des bénédictions temporelles (Mat 6 :25-33) ; l'intelligence (Psa 119 :104) ; la victoire (1Jn 5 :4) ; la sagesse (Jas 1 :5).

Le Sacrifice de Christ

La foi peut être suscitée par l'amour de Dieu qui sacrifie son Fils unique pour l'humanité. L'Apôtre Paul déclare sur ce sujet, « lui, qui n'a point épargné son propre

---

[15] Flavius Josephus and William Whiston, *The Works of Josephus : Complete and Unabridged*, tncludes Index. (Peabody: Hendrickson, 1996, c1987).

[16] Steve Mason, *Josephus and the New Testament* (Peabody, Mass.: Hendrickson Publishers, 1992).

[17] H.L. Willmington, *Willmington's Book of Bible Lists* (Wheaton, IL: Tyndale, 1987), 258.

Fils, mais qui l'a livré pour nous tous, comment ne nous donnera-t-il pas aussi toutes choses avec lui ?» (Rom 8:32).

Nous ne devrions pas, en tant qu'enfants de Dieu, de douter lorsque nous demandons des choses à Dieu dans la prière. L'Apôtre Paul dit dans Hébreux 4 :16, « Approchons-nous donc avec assurance du trône de la grâce, afin d'obtenir miséricorde et de trouver grâce, pour être secourus dans nos besoins.» Pour peu qu'on le cherche, Dieu est prêt à intervenir en faveur de ses enfants. Ainsi donc, « il faut que celui qui s'approche de Dieu croie que Dieu existe, et qu'il est le rémunérateur de ceux qui le cherchent » (Héb 11:6). L'homme peut alors témoigner comme le Psalmiste, « j'avais mis en l'Éternel mon espérance; et il s'est incliné vers moi, il a écouté mes cris » (Psa 40:1).

Quelques Secrets

La Bible donne quelques secrets qui permettent au Chrétien de savoir comment parfaire sa foi, comment surmonter les difficultés et par quel moyen éteindre la puissance de l'ennemi.

Pour Parfaire la Foi

Pour parfaire la foi, il faut s'habituer à obéir. L'apôtre Jacques, lorsqu'il montre la nullité de la foi sans les œuvres, déclare dans Jas 2 :22, « Tu vois que la foi agissait avec ses œuvres, et que par les œuvres la foi fut rendue parfaite ». Inversement, le chrétien qui a toujours une foi faible doit trouver l'explication dans la désobéissance à la loi divine.

Le péché, (défini comme la transgression de la loi) apparait donc comme un poison contre la foi tandis que l'obéissance nourrit la foi et la fait grandi jusqu'à sa plénitude. C'est dans ce sens que l'apôtre Paul conseille aux Hébreux, « approchons-nous avec un cœur sincère, dans la plénitude de la foi, les cœurs purifiés d'une mauvaise conscience, et le corps lavé d'une eau pure» (Héb10:22). L'obéissance permet donc de parfaire la foi afin d'être souvent exaucé par Dieu.

Pour Surmonter les Difficultés

Face aux difficultés dont est confronté le chrétien, il est nécessaire d'avoir la foi. Jésus, lorsqu'il guérissait le garçon qui avait un démon, donna un conseil à ses disciples qui n'avaient pas pu le faire. Il est écrit dans Mat 17:20, « C'est à cause de votre incrédulité, leur dit Jésus. Je vous le dis en vérité, si vous aviez de la foi comme un grain de sénevé, vous diriez à cette montagne: Transporte-toi d'ici là, et elle se transporterait; rien ne vous serait impossible.»

De même, les disciples étaient étonnés de ce que Jésus avait maudit le figuier au point où ce dernier sécha. A la question de savoir comment le figuier était-il devenu sec instantanément, « Jésus leur répondit: Je vous le dis en vérité, si vous aviez de la foi et que vous ne doutiez point, non seulement vous feriez ce qui a été fait à ce figuier, mais quand vous diriez à cette montagne: Ote-toi de là et jette-toi dans la mer, cela se ferait. Tout ce que vous demanderez avec foi par la prière, vous le recevrez » (Mat 21:21-22).

Pour Eteindre l'Ennemi

Les enfants de Dieu sont appelés à mener un combat « contre les dominations, contre les autorités, contre les princes de ce monde de ténèbres, contre les esprits méchants dans les lieux célestes » (Éph 6:12). Ils doivent éteindre les traits enflammés de l'ennemi. L'Apôtre Paul conseille, « prenez par-dessus tout cela le bouclier de la foi, avec lequel vous pourrez éteindre tous les traits enflammés du malin» (v.16).

Pour illustrer la valeur de la foi, Paul la compare aux armes spirituelles. La foi est prise comme un bouclier (Éph 6 :16), une arme défensive qui sert à protéger contre les coups et les projectiles.[18] La foi est encore appelée cuirasse (1Thes 5 :8), une plaque métallique que l'on porte de manière défensive sur la poitrine.[19] Le Chrétien qui prie pour sa protection est ainsi assuré d'une protection infaillible, même devant des armes et les puissances maléfiques invisibles.

---

[18] Catherine Soanes and Angus Stevenson, *Concise Oxford English Dictionary*, 11th ed. (Oxford: Oxford University Press, 2004).

[19] Inc Merriam-Webster, *Merriam-Webster's Collegiate Dictionary.*, Includes Index., 10th ed. (Springfield, Mass., U.S.A.: Merriam-Webster, 1996, c1993).

CHAPITRE 4

AU NOM DE JESUS

Pourquoi le Nom de Jésus

Il est important de se demander si prier au nom de Jésus revêt une garantie particulière pour l'exaucement aux prières. En d'autres termes, comment peut-on s'assurer qu'en priant au nom de Jésus l'on est sûr de recevoir une réponse favorable aux prières.

Le Nom Reçu par Christ

Le fait que Jésus se soit souverainement abaissé jusqu'au niveau terrestre lui a confère une position privilégiée parmi les humains. La Bible présente l'acquisition de cette position dans Phil 2 :6-11. Il est stipulé que Christ s'est dépouillé lui-même, en prenant la forme d'u serviteur et en devenant semblable aux hommes. Il a donc pour cela acquis un nom spécial. Il est écrit, « C'est pourquoi aussi Dieu l'a souverainement élevé, et lui a donné le nom qui est au-dessus de tout nom, afin qu'au nom de Jésus tout genou fléchisse dans les cieux, sur la terre et sous la terre, et que toute langue confesse que Jésus -Christ est Seigneur, à la gloire de Dieu le Père » (v.9-11).

Notons que Jésus Christ[20] est un nom composite formé de « Jésus», (du Grec Iesous, une translitération du nom Hébreux qui signifie YHWH est salut ou YHWH sauve. Puisque le salut vient de lui, les prières doivent lui être adressées. Le deuxième nom est Christ, du Grec Christos qui signifie oint. Christ est celui à qui le Père a remis toutes choses (Jn 3 :35 ; 13 :3) et qui doit remplir toutes choses (Éph 4:10).C'est donc au nom de ce YHWH sauveur, en qui toutes choses sont remises, que les prières doivent être adressées.

---

[20]David Noel Freedman, *The Anchor Bible Dictionary* (New York: Doubleday, 1996, c1992), 3:773.

Au Nom de l'Intercesseur

Lorsqu'un Chrétien adresse ses prières à Dieu, il lui faut Christ comme intercesseur. Certains ont souvent pensé que l'intercession est l'exclusivité de l'Esprit, tandis qu'en réalité, c'est Christ lui-même, celui qui connait la pensée de l'Esprit, qui est l'intercesseur. Dans Rom 8 :26-27, on lit « l'Esprit lui-même intercède par des soupirs inexprimables; et celui qui sonde les cœurs connaît quelle est la pensée de l'Esprit, parce que c'est selon Dieu qu'il intercède en faveur des saints ».

Christ est toujours vivant pour intercéder en faveur de ceux qui s'approchent de Dieu pour le salut. Paul dit dans Héb 7:25, « C'est aussi pour cela qu'il peut sauver parfaitement ceux qui s'approchent de Dieu par lui, étant toujours vivant pour intercéder en leur faveur ». Il s'agit de demander à Dieu pour que Christ intervienne, d'où la prière en son nom.

Même si Satan essaie de nous accuser dans notre conscience pendant la prière (voir Zach 3 :1-3), nous poserons comme l'Apôtre Paul la question de Rom 8:34 : « Qui les condamnera ? Christ est mort; bien plus, il est ressuscité, il est à la droite de Dieu, et il intercède pour nous ! » La mission d'intercession de Christ (assis au trône) en faveur des enfants de Dieu avait été présentée à Jean à l'ile de Patmos dans Apoc 8 :3-4. Il est écrit, « et un autre ange vint, et il se tint sur l'autel, ayant un encensoir d'or; on lui donna beaucoup de parfums, afin qu'il les offrît, avec les prières de tous les saints, sur l'autel d'or qui est devant le trône. La fumée des parfums monta, avec les prières des saints, de la main de l'ange devant Dieu ».

M.G. Easton[21] remarque que Non seulement Christ s'était sacrifié pour les humains, il fait une intercession continuelle pour les humains, de même qu'il intercéda pour son peuple pendant qu'il était sur terre (Luc 23:34; Jn 17:20; Héb 5:7). Il intercéda pour ceux qui le crucifièrent à Golgotha ; il intercéda pour les disciples et pour tous ceux qui croiraient en son nom ; « C'est lui qui, dans les jours de sa chair, ayant présenté avec de grands cris et avec larmes des prières et des supplications à celui qui pouvait le sauver de la mort, et ayant été exaucé à cause de sa piété » (Héb 5:7).

---

[21]M.G. Easton, *Easton's Bible Dictionary* (Oak Harbor, WA: Logos Research Systems, Inc., 1996, c1897).

Au Nom du Médiateur

Jésus nous est présenté[22] comme étant sacrificateur pour toujours à la manière de Melchisédek (Psa 110:4); C'est lui qui justifie, se charge des iniquités de plusieurs, intercède pour les coupables (Esa 53:10–12); C'est lui qui pria pour Simon et les autres apôtres lorsque Satan voulait les cribler comme du froment (Luc 23:33, 34); Nul ne va au Père que par lui (Jn 14:6); Jn 16:23, 24, 26; La Paix avec Dieu s'obtient par le Seigneur Jésus Christ (Rom 5:1, 2); Par sa résurrection et son intercession, il annule la condamnation des enfants de Dieu (Rom 8:34); Les Chrétiens repentants sont lavés, sanctifiés, justifiés par le nom de Jésus (1 Cor 6:11) ; La victoire de l'Apôtre Paul est obtenue par Jésus-Christ (1 Cor 15:57); Christ nous a rapprochés par son sang, détruit l'inimitié entre les hommes et Dieu, donnant aux humains accès auprès du Père (Éph2:13–18); C'est en Christ que Dieu nous a réconciliés (Éph 4:32); Il est un souverain sacrificateur sérieux et fidèle pour faire l'expiation des péchés du peuple (Héb 2:17); etc.

Foi en ce Nom

Des exemples bibliques dans le NT font croire que différents cas de prières demandent que le nom de Jésus soit cité dans les requêtes Chrétiennes. Même pour chasser les démons et pour d'autres formes de miracles, c'est ce nom qui revient toujours.

Pour la Prière

Les Apôtres de Jésus reconnaissaient que leur foi devait être basée sur Jésus-Christ pour que leurs prières soient exaucées. Pierre et Jean par exemple, après avoir guéri un homme de plus de quarante ans au nom de Jésus, reçurent des menaces pour ne plus parler ou enseigner en ce nom (Act 4 :18). Face aux membres du sanhédrin, « Pierre et Jean leur répondirent: Jugez s'il est juste, devant Dieu, de vous obéir plutôt qu'à Dieu » (v.10). Par la suite, ils se plaignirent auprès de Dieu en reconnaissant l'importance de la foi en ce nom : « Et maintenant, Seigneur, vois leurs menaces, et donne à tes serviteurs d'annoncer ta parole avec une pleine assurance, en

---

[22]James Swanson and Orville Nave, *New Nave's* (Oak Harbor: Logos Research Systems, 1994).

étendant ta main, pour qu'il se fasse des guérisons, des miracles et des prodiges, par le nom de ton saint serviteur Jésus » (v.29-30).

Pour chasser un Démon

Les démons, qui sont des esprits impurs reconnaissent la puissance de Christ et de son nom pour les déloger. La Bible rapporte comment l'Apôtre Paul avait délivré une dame détenant le pouvoir de visions (dans le langage moderne) par le simple nom de Jésus. Elle possédait en fait un esprit de python par lequel ses maîtres entraient dans la prospérité. Paul dit au démon dans Act 16 :18, « Je t'ordonne, au nom de Jésus-Christ, de sortir d'elle. Et il sortit à l'heure même ».

La seule présence de Jésus inquiète les démons et les Chrétiens ont la capacité d'invoquer la présence de Jésus en leur sein. Il est rapporté dans (Mar 5 :1-13) comment le démoniaque du pays des Gadaréniens rencontra le Christ et, « ayant vu Jésus de loin, il accourut, se prosterna devant lui» (v.6). Ses démons qui étaient légions priaient instamment Jésus de ne pas les envoyer hors du pays. Ils demandèrent à Jésus de les envoyer dans le troupeau des pourceaux. Jésus exauça leur prière les pourceaux allèrent et l'homme fut délivré, au grand étonnement de ceux qui le connaissaient auparavant.

Pour d'Autres Miracles

Dans Mar 16:18, Jésus annonce que ceux qui auront cru pourront, en son nom, opérer certains miracles : « ils chasseront les démons; ils parleront de nouvelles langues; ils n saisiront des serpents; s'ils boivent quelque breuvage mortel, il ne leur fera point de mal; ils imposeront les mains aux malades, et les malades, seront guéris ». Il est clair dans ce texte que le nom de Jésus est un secret non négligeable qu'il faut prendre en considération quand on veut obtenir l'exaucement Divin.

Outre ces miracles cités ci-haut, Jésus utilise l'adjectif qualificatif « tout» pour désigner les différentes choses que le Chrétien pourrait demander en son nom en ces termes : « et tout ce que vous demanderez en mon nom, je le ferai, afin que le Père soit glorifié dans le Fils. Si vous demandez quelque chose en mon nom, je le ferai » (Jn 14:13-14). Ceci fait croire que le nom de Jésus garanti en lui seul l'exaucement à toutes les prières des enfants de Dieu.

Jésus a choisi ses disciples afin qu'en son nom, de grandes choses soient faites. Il déclare dans Jn 15:16, « Ce n'est pas vous qui m'avez choisi; mais moi, je vous ai choisis, et je vous ai établis, afin que vous alliez, et que vous portiez du fruit, et que votre fruit demeure, afin que ce que vous demanderez au Père en mon nom, il vous le donne. » De même aussi, les chrétiens aussi peuvent être choisis pour Dieu afin qu'en demandant au nom de Jésus, Dieu le Père exauce.

Jésus insiste sur l'importance de demander des choses en son nom. Il dit dans Jn 16:23 « En ce jour-là, vous ne m'interrogerez plus sur rien. En vérité, en vérité, je vous le dis, ce que vous demanderez au Père, il vous le donnera *en mon nom*[23] ». Au verset 24, il dit, «Jusqu'à présent vous n'avez rien demandé *en mon nom*. Demandez, et vous recevrez, afin que votre joie soit parfaite ». Le moyen par lequel Jésus voudrait rendre la joie de ses enfants parfaite, c'est qu'ils demandent en son nom, et qu'ils reçoivent la réponse Divine.

Aucun Autre Nom

Quand les disciples étaient questionnés sur la guérison miraculeuse d'un homme opérée par le nom de Jésus Christ, ils rappelèrent aux questionneurs qu' « Il n'y a de salut en aucun autre; car il n'y a sous le ciel aucun autre nom qui ait été donné parmi les hommes, par lequel nous devions être sauvés » (Act 4:12). Ceci fait croire que pour la réalisation des miracles de ce genre, les Chrétiens ne peuvent le faire qu'au nom de Jésus. Par ricochet, toute autre tentative de réaliser de tels miracles en un autre nom ne saurait être de Dieu.

Bien que le Père nous aime, Jésus, en retournant au ciel recommandait que les prières soient faites en son nom. Puisqu'il est un avec le Père (Jean 10:30), il ne prierait pas le Père pour nous. Jésus dit dans Jn 16:26-28, « En ce jour, vous demanderez en mon nom, et je ne vous dis pas que je prierai le Père pour vous; car le Père lui-même vous aime, parce que vous m'avez aimé, et que vous avez cru que je suis sorti de Dieu. Je suis sorti du Père, et je suis venu dans le monde; maintenant je quitte le monde, et je vais au Père. »

Pour toutes Formes de Requêtes

Jésus va plus loin pour montrer que toute forme de prière, y compris celles qui visent la réalisation de n'importe quel miracle doit être effectuée en son nom

---

[23]Emphase mienne.

seulement. Dans Jn 14:13-14 on lit, « et *tout* ce que vous demanderez en mon nom, je le ferai, afin que le Père soit glorifié dans le Fils. Si vous demandez quelque chose en mon nom, je le ferai ». L'adjectif *tout* qui est utilisé ici comprend la totalité et ne laisse rien en dehors. Toute requête des humains adressée à Dieu doit être faite au nom de Jésus.

Dans le même ordre d'idées, il est écrit dans 1 Jn 3:22 , « *quoi que ce soit* que nous demandions, nous le recevons de lui, parce que nous gardons ses commandements et que nous faisons ce qui lui est agréable ». Le nom de Jésus peut être utilisé pour réaliser les miracles d'antan tels que arrêter le soleil dans sa course (Jos 10:12–14), demander l'enfantement d'une femme stérile (1 Sam 1:10), demander la sagesse divine défier la puissance des prophètes de baal (1 Rois 19:2–18), etc. Il faut prier au nom de Jésus pour la guérison (Act 4 :12, 10, 16,22 ; 3 :2-7,16), pour la délivrance (Act 16 :16-18). Tout genou ne doit fléchir que devant lui (Esa 45 :23-24 ; voir Apoc 19 :10b).

CHAPITRE 5

LA PERSISTANCE DANS LA PRIERE

La persistance pourrait se définir comme la qualité de ce qui persiste[24], la ténacité, un effort continu. Persister c'est continuer résolument malgré l'opposition, l'importunité ou l'adversité,[25] continuer sans interruption.[26] La persévérance est la patience persistante. La Bible utilise le verbe Grec προσκαρτερέω (proskartereo) pour designer la persistance dans le cadre de la prière. Sur les douze occurrences du mot dans le NT, trois d'entre elles se réfèrent à la prière (Col 4 :2 ; Eph 6 :18 ; Rom 12 : 12). D'autres allusions sont données de manière implicite qui dénotent l'importance de la persistance ou de la persévérance dans la prière. Etudions à présent l'importance de ce caractère ainsi que sa pratique.

Importance de la Persistance

Dans le livre de Luc, Jésus présente la nécessité de la persistance dans la prière sous forme de deux paraboles instructives. L'une parle d'une veuve et du juge injuste (Luc 18) et l'autre par le de l'ami persistant (Luc 11 :5-8).

Parabole de la Veuve et du Juge Injuste

La raison de la parabole est clairement présentée au verset 1, « Jésus leur adressa une parabole, pour montrer qu'il faut toujours prier, et ne point se relâcher » (Luc 18:1). Il dit:

---

[24]*Collins Concise Dictionary*, electronic ed. (Glasgow: HarperCollins, 2000, c1999).

[25]Inc Merriam-Webster, *Merriam-Webster's Collegiate Dictionary.*, Includes Index., Eleventh ed. (Springfield, Mass.: Merriam-Webster, Inc., 2003).

[26]Walter A. Elwell and Barry J. Beitzel, *Baker Encyclopedia of the Bible*, Map on Lining Papers. (Grand Rapids, Mich.: Baker Book House, 1988), 1647.

Il y avait dans une ville un juge qui ne craignait point Dieu et qui n'avait d'égard pour personne. Il y avait aussi dans cette ville une veuve qui venait lui dire: Fais-moi justice de ma partie adverse. Pendant longtemps il refusa. Mais ensuite il dit en lui-même: Quoique je ne craigne point Dieu et que je n'aie d'égard pour personne, néanmoins, parce que cette veuve m'importune, je lui ferai justice, afin qu'elle ne vienne pas sans cesse me rompre la tête. Le Seigneur ajouta: Entendez ce que dit le juge inique. Et Dieu ne fera-t-il pas justice à ses élus, qui crient à lui jour et nuit, et tardera-t-il à leur égard ? (vs.2-7).

La garantie est que Dieu rendra justice à ses élus qui crient à lui *jour et nuit*. Le juge cité ci-haut ne voulait pas rendre justice, mais l'importunité de la veuve persistante l'en avait contraint. L'homme ne doit pas avoir peur d'importuner Dieu par des prières incessantes. Il n'y a ni excès, ni importunité dans les prières car, « Voici, il ne sommeille ni ne dort, Celui qui garde Israël » (Psa 121:4). Il est encore écrit, « C'est le Dieu d'éternité, l'Éternel, qui a créé les extrémités de la terre; Il ne se fatigue point, il ne se lasse point » (Esa 40:28).

Parabole de l'Ami Persistant

La deuxième parabole se trouve dans Luc 11 :5-8. Elle est présentée sous forme d'une illustration et Jésus raisonne ainsi par analogie.

Si l'un de vous a un ami, et qu'il aille le trouver au milieu de la nuit pour lui dire: Ami, prête-moi trois pains, car un de mes amis est arrivé de voyage chez moi, et je n'ai rien à lui offrir, et si, de l'intérieur de sa maison, cet ami lui répond: Ne m'importune pas, la porte est déjà fermée, mes enfants et moi sommes au lit, je ne puis me lever pour te donner des pains, - je vous le dis, même s'il ne se levait pas pour les lui donner parce que c'est son ami, il se lèverait à cause de son importunité et lui donnerait tout ce dont il a besoin. Et moi, je vous dis: Demandez, et l'on vous donnera; cherchez, et vous trouverez; frappez, et l'on vous ouvrira. Car quiconque demande reçoit, celui qui cherche trouve, et l'on ouvre à celui qui frappe (Luc 11:5-10).

Une fois encore, la persistance semble mettre Dieu dans des conditions de réponse évidente. Par la persistance, « quiconque demande reçoit, celui qui cherche trouve, et l'on ouvre à celui qui frappe ».

Fréquence Requise

Face à la nécessité de persister dans la prière quand on a un besoin à adresser à Dieu, il conviendrait de se demander le nombre de fois que les prières doivent être élevées vers l'Eternel par jour. Il conviendrait aussi de se référer à la vie de prière de notre modèle, Jésus Christ, lorsqu'il revêtait notre forme humaine sur terre.

Trois Fois le Jour

L'on peut copier l'exemple de Daniel entretenait sa vie spirituelle en priant trois fois par jour. Quand un décret pesait sur lui dans le but de l'empêcher de continuer à invoquer son Dieu par la prière, il maintenait ses trois prières journalières accompagnées de louanges. La Bible rapporte dans Daniel 6:10 que « lorsque Daniel sut que le décret était écrit, il se retira dans sa maison, où les fenêtres de la chambre supérieure étaient ouvertes dans la direction de Jérusalem; et trois fois le jour il se mettait à genoux, il priait, et il louait son Dieu, comme il le faisait auparavant. »
Des hommes sont allés rapporter au roi ce qu'ils le voyaient faire dans sa maison. Il est écrit au verset 13, « ils prirent de nouveau la parole et dirent au roi: Daniel, l'un des captifs de Juda, n'a tenu aucun compte de toi, ô roi, ni de la défense que tu as écrite, et il fait sa prière trois fois le jour ».

Les Heures de Prière

L'expression « l'heure de la prière » apparait seulement[27] dans Actes 3 :1, où il est dit de Pierre et de Jean qu'ils étaient allés dans le temple à l'heure de la prière, la neuvième heure. Cette heure est identifiée comme environ 15 heures dans l'après-

---

[27]Geoffrey W. Bromiley, *The International Standard Bible Encyclopedia, Revised* (Wm. B. Eerdmans, 1988; 2002), 2:769-770.

midi.[28] Ailleurs, il est fait mention des prières faites « à l'heure du parfum » (Luc 1 :10). Il est fait mention de Pierre qui monta sur le toit vers la sixième heure (vers midi) pour prier.

La tradition Juive[29] dans l'AT est celle de prier trois fois le jour (cf. Psa 55:17 Dan 6:10), bien que 1Chr 23 :30 fasse l'exception avec son modèle de deux fois le jour. L'heure exacte des séances de prières n'est cependant pas déterminée. L'église postapostolique désigna la 3ième, 6ième et 9ième heure de la journée comme des heures apostoliques de prière en se basant sur les références de Act 3:1; 10:3, 9, 30.

Il s'agit pour eux de prier à 9 heures, à 12 heures et à 15 heures de la journée. Ce qui semble importer plus, c'est de savoir que la tradition Juive était celle de trois prières régulières par jour[30], outre les autres prières spontanées que l'on pouvait faire. Tout Juif dévoué pouvait les observer tout comme tout Chrétien dévoué le ferait de nos jours.

Jour et Nuit

Il y a une série de passages bibliques qui font croire que la prière, dans les temps anciens se faisait jour et nuit. Le Roi Salomon par exemple, lors de la dédicace du temple se proposait de présenter des supplications à Dieu jour et nuit. Il disait dans 1Roi 8 :59-60, « Que ces paroles, objet de mes supplications devant l'Éternel, soient jour et nuit présentes à l'Éternel, notre Dieu, et qu'il fasse en tout temps droit à son serviteur et à son peuple d'Israël, afin que tous les peuples de la terre reconnaissent que l'Éternel est Dieu, qu'il n'y en a point d'autre! ».

David, le père de Salomon avait cette habitude de prier la nuit. Il dit dans Psa 42:8, « le jour, l'Éternel m'accordait sa grâce; La nuit, je chantais ses louanges, J'adressais une prière au Dieu de ma vie ». De même aussi, les fils de Koré pouvaient dire, « Éternel, Dieu de mon salut ! Je crie jour et nuit devant toi. Que ma prière parvienne en ta présence ! Prête l'oreille à mes supplications !» (Psa 88 :2). Néhémie

---

[28]Francis D. Nichol, *The Seventh-day Adventist Bible Commentary : The Holy Bible With Exegetical and Expository Comment.*, Commentary Reference Series (Washington, D.C.: Review and Herald Publishing Association, 1978), Ac 3:2.

[29]Geoffrey W. Bromiley, *The International Standard Bible Encyclopedia, Revised* (Wm. B. Eerdmans, 1988; 2002), 2:769-770.

[30]James Orr, M.A., D.D., *The International Standard Bible Encyclopedia : 1915 Edition*, ed. James Orr (Albany, OR: Ages Software, 1999).

aussi priait jour et nuit. Il est écrit dans Néh 1 :6, « Que ton oreille soit attentive et que tes yeux soient ouverts: écoute la prière que ton serviteur t'adresse en ce moment, jour et nuit, pour tes serviteurs les enfants d'Israël, en confessant les péchés des enfants d'Israël, nos péchés contre toi; car moi et la maison de mon père, nous avons péché ». Les trois séances de prière de la journée ne suffisent donc pas, il faut encore prier la nuit.

Vie de Prière de Jésus

Jésus pouvait passer toute une nuit, sur une montagne dans la prière (Luc 6 :12). Lui qui est Dieu et qui est notre modèle dans sa vie de la chair (1Jn 2 :6) passa toute une nuit à prier. Dans la nuit à Gethsémané, il recommanda aux disciples de passer du temps dans la prière afin de surmonter les tentations du lendemain.Dans la nuit qui précédait sa mort, il leur dit, « Veillez et priez, afin que vous ne tombiez pas dans la tentation; l'esprit est bien disposé, mais la chair est faible » (Mat 26:41). Il les réprimanda de n'avoir pas pu veiller pendant une heure avec lui pour prier (Mar 14 :27-28). Il serait donc indiqué de prier la nuit pendant au moins une heure pour préparer la chair à surmonter les tentations du lendemain.

L'Apôtre Paul donna aussi la recommandation de faire comme Jésus, c'est-à-dire de ne pas dormir. Il disait, « Ne dormons donc point comme les autres, mais veillons et soyons sobres. Car ceux qui dorment dorment la nuit, et ceux qui s'enivrent s'enivrent la nuit.» (1 Thes 5:6-7). Dans l'attente du Seigneur, il n'est donc pas seulement dit de prier mais aussi de veiller afin de prier la nuit. Paul utilisa le verbe Grec $\gamma\rho\eta\gamma o\rho\acute{\epsilon}\omega$[31] qui signifie demeurer éveillé, afin d'être toujours en alerte (voir Mat 24 :43). Le même terme est aussi utilisé dans Mat 26:41 et Mar 14 :38 toujours dans le contexte de la prière.

En veillant pour la prière, remarquons que l'époux de la parabole qui n'est autre que Jésus et ilrevient au *milieu de la nuit* (Mat 25 :6). Jésus dit lui-même qu'il peut revenir au *milieu de la nuit* (Marc 13 :35). Si seulement il pouvait nous trouver dans une prière de repentance à l'heure de son retour !

On peut copier aussi l'exemple de Paul et Silas qui priaient et chantaient en prison vers le *milieu de la nuit*, en présence des autres prisonnier (Act 16:25). Le Psalmiste témoigne en disant, «Au milieu de la nuit je me lève pour te louer » (Psa

---

[31]Inc. Logos Research Systems, *The Lexham Analytical Lexicon to the Greek New Testament* (Logos Research Systems, Inc., 2008; 2008).

119:62). Pourquoi ne pas prier et louer Dieu à minuit quand les autres dorment ? Une prédicatrice[32] illustrait la prière de la nuit par un appel téléphonique qui a lieu au moment où le réseau est libre. C'est un moment où en appelant le créateur de l'univers, la dame du répondeur n'a plus le temps de dire « votre correspondant ne peut vous répondre, veillez rappeler ultérieurement». Il est judicieux de recommander à celui qui désire l'exaucement de se lever aussi la nuit pour invoquer Dieu par la prière.

Prier en tout Temps

La recommandation qui est explicitement faite par Christ lui-même au sujet de la fréquence des prières est que celles-ci doivent être élevées en tout temps. Jésus dit dans Luc 21:36, « veillez donc et priez en tout temps, afin que vous ayez la force d'échapper à toutes ces choses qui arriveront, et de paraître debout devant le Fils de l'homme ». L'Apôtre Paul dit aussi explicitement, « priez sans cesse» (1Thes 5 :17). Quand il cite les armes spirituelles à utiliser dans la bataille spirituelle du Chrétien, il déclare dans Ephésiens 6 :18, « faites en tout temps par l'Esprit toutes sortes de prières et de supplications. Veillez à cela avec une entière persévérance, et priez pour tous les saints.»

De même, un témoignage nous est donné dans Actes 10:1-2 au sujet du programme de prière d'un homme pieux. La Bible rapporte ceci : « Il y avait à Césarée un homme nommé Corneille, centenier dans la cohorte dite italienne. Cet homme était pieux et craignait Dieu, avec toute sa maison; il faisait beaucoup d'aumônes au peuple, et priait Dieu continuellement.» Ainsi donc, le Chrétien qui désire la réponse de Dieu pourrait aussi continuellement élever sans cesse des prières au nom de celui qui dit, « sans moi vous ne pouvez rien faire» (Jn 15:5). Un cantique[33] souligne l'importance de la constance dans les prières du Chrétien (voie APPENDICE B).

---

[32] Sermon de Metonou Priscille à Libreville au Gabon à l'Eglise de la Genèse, sise au quartier appelé Derrière l'Ecole Normale en 2011.
[33] Hymnes et Louanges, No 366.

CHAPITRE 6

L'OBEISSANCE

Rôle de l'Obéissance

L'exaucement aux prières est fonction du comportement de la personne qui prie, de sorte que la désobéissance peut sérieusement hypothéquer les réponses aux prières adressées à l'Éternel.

Désobéissance et Perception de Dieu

Le péché distord ou dénature la perception que l'on a de Dieu. Le prophète Esaïe le démontre en utilisant des anthropomorphismes pour designer la nature de Dieu qui ne mérite pas d'être confondue. Il déclare dans Esa 59 :1-2, « Non, la main de l'Éternel n'est pas trop courte pour sauver, ni son oreille trop dure pour entendre. Mais ce sont vos crimes qui mettent une séparation entre vous et votre Dieu; Ce sont vos péchés qui vous cachent sa face et l'empêchent de vous écouter ».

Il ressort de ce texte que dans la pensée du pécheur, Dieu serait manchot (avec une main trop courte pour agir), ou alors sourd (incapable d'entendre les prières). Esaïe le défend en utilisant cet adverbe de négation « non », dans un ton exclamatif, objectant ainsi que le Créateur est amour. Le pécheur aurait du mal à croire aux promesses de celui dont il est écrit dans Nom 23 :9, « Dieu n'est point un homme pour mentir, Ni fils d'un homme pour se repentir. Ce qu'il a dit, ne le fera-t-il pas? Ce qu'il a déclaré, ne l'exécutera-t-il pas? »

L'Etat du Cœur

Le Psalmiste fait croire que ce que Dieu considère, c'est l'état du cœur. Il écrit dans Psa 66:18-19, « si j'avais conçu l'iniquité dans mon cœur, le Seigneur ne m'aurait pas exaucé. Mais Dieu m'a exaucé, Il a été attentif à la voix de ma prière ». Le cœur qui médite des projets l'une des projets iniques est l'une des choses que Dieu hait (Prov 6 :16-19). De toute évidence, Dieu n'exaucerait pas la prière provenant d'un cœur qu'il hait. Les autres choses qu'il a en horreur sont, les yeux hautains, la langue menteuse, les mains qui répandent le sang innocent, les pieds qui se hâtent de courir au le faux témoin qui dit des mensonges, et celui qui excite des querelles entre frères. Il suffit donc d'avoir dans son cœur des projets de faire du mal pour que les prières puissent être bloquées et ne reçoivent pas d'exaucement. Autrement dit, vouloir que la prière marche devrait être l'occasion de renoncer au mal qu'on aprojeté de faire.

La Prière du Juste

L'Apôtre Jacques affirme que « La prière fervente du juste a une grande efficace » (Jas 5 :16). L'aveugle qui avait été guéri par Jésus croyait aussi que Dieu n'exauçait pas les pêcheurs, mais les justes lorsqu'il déclarait aux pharisiens dans Jean 9:31, « nous savons que Dieu n'exauce point les pécheurs; mais, si quelqu'un l'honore et fait sa volonté, c'est celui-là qu'il exauce ». Le Psalmiste corrobore à cette idée lorsqu'il affirme que « Les yeux de l'Éternel sont sur les justes [pas les pécheurs], et ses oreilles sont attentives à leurs cris » (Psa 34:15).

De même, l'Apôtre Jean avait en lui cette assurance d'exaucement due au fait qu'il faisait la volonté de Dieu. Il écrivait, « Quoi que ce soit que nous demandions, nous le recevons de lui, parce que nous gardons ses commandements et que nous faisons ce qui lui est agréable » (1 Jn 3:22). Le rejet de la loi de Dieu est motif pour que la prière du Chrétien soit abominable à Dieu. Salomon écrit dans Prov 28:9, « si quelqu'un détourne l'oreille pour ne pas écouter la loi, Sa prière même est une abomination ».
.

Comment Obéir

Il n'est pas suffisant de savoir que l'obéissance conditionne l'écoute des prières. Il est tout aussi important de savoir comment obéir afin de mieux garantir des réponses favorables aux prières. Non seulement la Bible parle de la crainte de l'Eternel, mais elle cite nommément des commandements donnés par Dieu.

Craindre Dieu

Dans Psa 145:19, il est écrit que Dieu « accomplit les désirs de ceux qui le craignent, Il entend leur cri et il les sauve. » Le problème qui se pose est de comprendre ce que la Bible entend par craindre l'Eternel. Le mot Hébreux pour « craindre » signifie[34] « honorer», « révérer», « être frappé d'effroi». Mais de quelle manière le Chrétien va-t-il révérer et honorer Dieu ? C'est en marchant selon sa parole. Ainsi donc, le sage Salomon définit la crainte de l'Eternel ainsi, « La crainte de l'Éternel, c'est la haine du mal » (Prov 8 :13). Il dit encore dans Prov 16 :6 que « Par la bonté et la fidélité on expie l'iniquité, Et par la crainte de l'Éternel on se détourne du mal ».

Les conséquences qui découlent de la crainte de l'Eternel sont justement les choses que les chrétiens demandent dans leurs prières. Salomon affirme dans Prov22 :4 que « Le fruit de l'humilité, de la crainte de l'Éternel, C'est la richesse, la gloire et la vie». Il dit aussi dans 19 :23, « La crainte de l'Éternel mène à la vie, Et l'on passe la nuit rassasié, sans être visité par le malheur ». Il a en lui cette assurance : « Cependant, quoique le pécheur fasse cent fois le mal et qu'il y persévère longtemps, je sais aussi que le bonheur est pour ceux qui craignent Dieu, parce qu'ils ont de la crainte devant lui.» (Eccl 8: 12)

La crainte de l'Eternel est ce que le prophète Esaïe appelle « le trésor de Sion» (Esa 33 :6). Le Psalmiste donne un conseil à ceux qui désirent l'exaucement de Dieu : « Craignez l'Éternel, vous ses saints ! Car rien ne manque à ceux qui le craignent. Les lionceaux éprouvent la disette et la faim, Mais ceux qui cherchent l'Éternel ne sont privés d'aucun bien » (Psa34:9-10). Si donc Dieu a prévu que rien ne doit manquer à ceux qui le craignent, leurs prières seront certainement favorables devant sa face.

Le Commandement de Dieu

Il est impressionnant de constater que Jean parle du commandement de Dieu et non des dix commandements. Ceci apparait comme une métonymie, une figure de rhétorique par laquelle on désigne le contenant pour le contenu. Remarquons que ce

---

[34]Francis D. Nichol, *The Seventh-day Adventist Bible Commentary : The Holy Bible With Exegetical and Expository Comment.*, Commentary Reference Series (Washington, D.C.: Review and Herald Publishing Association, 1978), Dt 6:2.

commandement dont il est question, c'est l'amour horizontal, celui qui existe entre humains. Cet amour est en fait le résumé des six derniers commandements d'Exode 20 tels que présentés du verset 13 au verset 17.

    Jésus le présente comme étant semblable au plus grand commandement lorsqu'il s'adresse au pharisien, docteur de la loi qui voulait l'éprouver (voir dans Mat 22 :36-40). Le plus grand dit-il, c'est d'aimer Dieu dans cette relation verticale. Celui en effet qui aime Dieu de tout son cœur ne peut pas violer les quatre premiers commandements d'Exo 20 :3-12. Celui qui aime son prochain comme lui-même ne peut pas rejeter les six autres qui régissent les relations entre humains. Quant à Jésus, l'amour vertical et horizontal constitue « le commandement ». Cependant, on a l'impression que pour Jean, l'amour vertical seul garantit l'exaucement de Dieu.

    Le texte de Psa 91:14-15 révèle que l'amour vertical est aussi une condition d'exaucement. L'Eternel dit, « puisqu'il m'aime, je le délivrerai; Je le protégerai, puisqu'il connaît mon nom. Il m'invoquera, et je lui répondrai; Je serai avec lui dans la détresse, Je le délivrerai et je le glorifierai ». Si donc l'amour vertical et horizontal garantissent tous l'exaucement de Dieu, l'on peut conclure que le commandement qui garantit l'exaucement c'est l'amour. Et c'est justement l'amour qui garantit l'obéissance aux dix commandements (Jean 14 :15, BFC).

Deux Cas de Non-Exaucement

Incidence de la Haine

    Si Dieu exauce ainsi les prières de ceux qui sont amour, la haine ou le défaut d'amour apparaissent comme une cause de rejet des prières Chrétiennes. Le Sage Salomon affirme dans Prov 21:13 que « Celui qui ferme son oreille au cri du pauvre Criera lui-même et n'aura point de réponse ». Ainsi donc, il conviendrait pour celui qui veut recevoir la réponse favorable de Dieu aux prières de faire des actes de bonté afin que sa voie soit entendue en haut.

    Les prières et les supplications ne suffisent pas. L'Apôtre Paul le confirme quand il déclare dans Phil 4:6, « Ne vous inquiétez de rien; mais en toute chose faites connaître vos besoins à Dieu par des prières et des supplications, *avec des actions de grâces*».

    Les ennemis des saints ne devraient pas être surpris de constater que leurs prières demeurent sans réponses. C'est ce que révèle le Psalmiste qui déclare au sujet de l'Eternel, « tu fais tourner le dos à mes ennemis devant moi, Et j'extermine ceux qui me haïssent. Ils crient, et personne pour les sauver ! Ils crient à l'Éternel, et il ne leur répond pas!» (Psa 18:40-41).

Certains vont jusqu'à opprimer les enfants de Dieu et espèrent être exaucés de lui. L'Eternel déclarait dans Mich 3 :4, « alors ils crieront vers l'Éternel, Mais il ne leur répondra pas; Il leur cachera sa face en ce temps-là, Parce qu'ils ont fait de mauvaises actions ». Quelles sont les mauvaises actions qui ont causé le non-exaucement de Dieu ? Les versets 2 et 3 répondent : « Vous leur arrachez la peau et la chair de dessus les os. Ils dévorent la chair de mon peuple, lui arrachent la peau, et lui brisent les os; Ils le mettent en pièces comme ce qu'on cuit dans un pot, comme de la viande dans une chaudière.»

Défaut d'Amour

Il y a d'autres cas dans la Bible pour lesquels les prières peuvent demeurer sans réponse favorable. Il s'agit par exemple des prières des personnes qui sont indifférents aux cris des pauvres. Salomon affirme dans Prov 21 :13 que « Celui qui ferme son oreille au cri du pauvre Criera lui-même et n'aura point de réponse ».

CHAPITRE 7

LA REPENTANCE

La Praxis de la Repentance

Du Grec μετάνοια, la repentance est un changement de direction, une conversion.[35] Il s'agit d'un détournement du péché, d'un changement qui s'opère dans le cœur de l'homme.[36] La Bible semble établir une relation étroite entre la repentance d'un pécheur et la propension de Dieu à exaucer ses prières.

La Promesse de Dieu

La prière accompagnée de repentance est le moyen pourvu par Dieu pour que les pécheurs puissent recevoir l'exaucement à leurs prières. C'est ce qu'on découvre avec la promesse conditionnelle faite lors de la seconde apparition de Dieu à Salomon. L'Eternel déclaredans 2 Chr 7:14-1, « si mon peuple sur qui est invoqué mon nom s'humilie, prie, et cherche ma face, et s'il se détourne de ses mauvaises voies, je l'exaucerai des cieux, je lui pardonnerai son péché, et je guérirai son pays. Mes yeux seront ouverts désormais, et mes oreilles seront attentives à la prière faite en ce lieu. »

On découvre ici que les péchés du peuple constituaient un obstacle à l'exaucement des prières. Seule, la repentance pouvait rétablir la relation amicale d'avec Dieu lui permettant ainsi de répondre favorablement à leurs demandes.

---

[35]Horst Robert Balz and Gerhard Schneider, *Exegetical Dictionary of the New Testament*, Translation of: Exegetisches Worterbuch Zum Neuen Testament. (Grand Rapids, Mich.: Eerdmans, 1990-c1993), 2:415.

[36]Merrill Frederick Unger, R. K. Harrison, Howard Frederic Vos et al., *The New Unger's Bible Dictionary*, Revision of: Unger's Bible Dictionary. 3rd Ed. c1966., Rev. and updated ed. (Chicago: Moody Press, 1988).

Eléments de la Repentance

Dans le texte cité ci-haut, la repentance qui amène Dieu à exaucer fait que la prière s'accompagne de trois aspects différents : s'humilier, chercher la face de Dieu et se détourner des mauvaises voies. Il ne s'agit donc pas d'un simple regret du péché, mais aussi de son abandon. Jean Baptiste parlait du fruit « digne de repentance» (Mat 3 :8 ; Luc 3 :8) pour désigner un comportement qui résulte de la repentance (voire Gal 5 :22-23).

Elle passe par la tristesse. C'est pourquoi l'Apôtre Paul déclare dans 2 Cor 7:9, « je me réjouis à cette heure, non pas de ce que vous avez été attristés, mais de ce que votre tristesse vous a portés à la repentance; car vous avez été attristés selon Dieu, afin de ne recevoir de notre part aucun dommage». C'est ainsi qu'Ellen White remarque cette béatitude, « Heureux ceux qui pleurent, car Dieu les consolera!» (Matthieu 5:4, BFC). La consolation est telle que les prières peuvent commencer à être exaucées.Il ne s'agit cependant pas de la « tristesse selon le monde » mais plutôt de la « tristesse selon Dieu » (2Cor 7 :10).

Une repentance qui recherche la faveur de Dieu peut aussi comporter le pardon des autres (Mat 6:14–15; Mar 11:25). Sans le pardon des autres, les prières peuvent demeurer sans réponses.

Péché et Repentance

La Solution au Péché

La repentance apparait comme le moyen pourvu par Dieu pour absoudre les péchés des humains, donnant ainsi l'opportunité à Dieu d'exaucer les prières bloquées par la désobéissance. Dans Act 3 :19 on lit, « repentez-vous donc et convertissez-vous, pour que vos péchés soient effacés, afin que des temps de rafraîchissement viennent de la part du Seigneur ». Les péchés sont donc effacés par la repentance et la conversion.

Dans d'autres textes bibliques, la repentance et le pardon des péchés vont de pair (Luc 24 :47 ; Act 5 :31 ; 3 ; 19 ; 8 :22). Il est clairement écrit que le baptême de Jean était un baptême de repentance pour la rémission des péchés. C'est ainsi que le message de la repentance était prêché par Christ, par Jean Baptiste et par les apôtres (Mat 4 :17 ; 3 :2 ; Mar 6 :12 ; Act 20 :21). Sans la repentance, les péchés demeurent implacables bien que Dieu soit bon envers les humains.

Le Désir de Dieu

Dieu désire la repentance de ses enfants et est prêt à leur accorder ce qu'ils demandent en se repentant. En effet, Paul affirme que « la bonté de Dieu te pousse à la repentance» (Rom 2 :4). Toujours à cause de ce désir divin, l'Apôtre Pierre affirme qu'aux jours de Noé, « la patience de Dieu se prolongeait » (1Pi 3 :20). Ce n'est pas étonnant que Jésus-Christ, Jean-Baptiste et les Apôtres aient tous prêché la repentance (Mat 4:17; Mr 1:15 ; Mat 3:2 ; Marc 6:12; Act 20:21 ; Luc 24:47).

La Bonté de Dieu

Plaider avec les Humains

Dieu, le créateur de l'univers (Gen 1 :1), peut plaider avec les humains pécheurs comme il le fit lorsque son peuple, Juda, était devenu désobéissant et méchant (Esa 1 :15-18). La situation était telle que Dieu détournait ses yeux devant leur élévation des mains, et il n'écoutait plus leurs prières. Dieu leur dit alors le moyen de leur repentance qui consistait à se laver, se purifier, arrêter avec la méchanceté, apprendre à faire le bien et à défendre le droit des orphelins et des veuves.

L'Éternel plaida en disant, « venez et plaidons ! dit l'Éternel. Si vos péchés sont comme le cramoisi, ils deviendront blancs comme la neige; S'ils sont rouges comme la pourpre, ils deviendront comme la laine » (v.18). Le Dieu qui plaide ainsi avec les humains est tout aussi prêt à répondre à leurs demandes dès qu'ils reviennent à lui.

Exaucer les Indifférents

La promesse de son exaucement est donnée dans Esa 65 :1-4. Si Dieu peut exaucer ceux qui ne lui demandent rien, s'il se laisse trouver par ceux qui ne le cherchent pas, c'est qu'il peut être compatissant envers les pécheurs repentants dont les prières sont bloquées par le péché. Dieu déclare dans Esa 65:1-4,

J'ai exaucé ceux qui ne demandaient rien, Je me suis laissé trouver par ceux qui ne me cherchaient pas; J'ai dit: Me voici, me voici! À une nation qui ne s'appelait pas de mon nom. J'ai tendu mes mains tous les jours vers un peuple rebelle, qui marche dans une voie mauvaise, au gré de ses pensées ; Vers un peuple qui ne cesse de m'irriter en face, sacrifiant dans les jardins, et brûlant de l'encens sur les briques: Qui fait des sépulcres sa demeure, Et passe la nuit dans les cavernes, mangeant de la chair de porc, et ayant dans ses vases des mets impurs » (Ésaïe 65 :4).

Lavement du Pécheur

Puisque le péché souille la conscience de sorte que la personne a l'impression que Dieu est devenu manchot et sourd, Dieu purifie la conscience du Chrétien repentant. En plus, le péché souille l'homme au point où Dieu peut être irrité (Esa 64 :9) et peut s'abstenir de répondre aux prières.

Dieu peut laver le pécheur et le rendre pur devant ses yeux de sorte que ses prières soient reçues favorablement de lui. C'est ainsi que l'Apôtre Pierre écrit dans Héb 10:22-23, « approchons-nous avec un cœur sincère, dans la plénitude de la foi, les cœurs purifiés d'une mauvaise conscience, et le corps lavé d'une eau pure. Retenons fermement la profession de notre espérance, car celui qui a fait la promesse est fidèle ».

CHAPITRE 8

ACCORD MUTUEL

Promesse de Christ

Prier d'Un Commun Accord

Jésus donne un secret qui peut permettre aux Chrétiens d'obtenir des réponses favorables à leurs prières (Mat 18 :19-20). Il s'agit en fait de la prière en groupe faite dans un accord mutuel. Il est écrit, « Je vous dis encore que, si deux d'entre vous s'accordent sur la terre pour demander une chose quelconque, elle leur sera accordée par mon Père qui est dans les cieux. Car là où deux ou trois sont assemblés en mon nom, je suis au milieu d'eux ». Dieu recommandait l'action corporative[37] à l'ensemble du groupe apostolique.

La Raison de la Promesse

Le verset qui suit (v.20) donne la raison pour laquelle Jésus donna cette promesse. L'on peut remarquer l'usage de la conjonction de coordination « car », qui est une expression d'explication. Jésus dit, « car là où deux ou trois sont assemblés en mon nom, je suis au milieu d'eux ». C'est comme si la rencontre d'au moins deux ou trois personnes assemblées en son nom faisait susciter la présence de Christ au milieu d'eux. La résultante est que les choses qu'ils demandent dans cette communion sont accordées par l'Eternel.

Les Chrétiens n'ont pas besoin de constituer une grande foule[38] afin d'invoquer la présence bienfaisante de Christ au milieu d'eux. Deux ou trois suffisent pour que Christ soit présent et que leurs demandes reçoivent des réponses favorables.

---

[37]John F. Walvoord, Roy B. Zuck and Dallas Theological Seminary, *The Bible Knowledge Commentary : An Exposition of the Scriptures* (Wheaton, IL: Victor Books, 1983-c1985), 2:62.

[38]William Hendriksen and Simon J. Kistemaker, vol. 9, *New Testament Commentary : Exposition of the Gospel According to Matthew*, Accompanying Biblical Text Is Author's Translation., New Testament Commentary (Grand Rapids: Baker Book House, 1953-2001), 703.

Celui donc qui n'a pas souvent été exaucé tout seul en demandant de bonnes choses, pourrait adjoindre une ou deux autres personnes dans ses prières.

Implication de la Présence Divine

Il est remarqué que l'expression « je suis » est caractéristique du nom Jéhovah ; tandis que « au milieu de vous (d'eux, de lui) », est souvent associé[39] dans les Ecritures à l'octroi de la force, de la direction, de la protection et de la consolation, choses que les Chrétiens demandent souvent dans leurs prières. Dieu utilise souvent cette dernière pour aider, réconforter et bénir (voir de tels passages dans Psa 46:5; Ésa 12:6; Jér 14:9; Os 11:9; Soph 3:5, 15, 17; Zach 2:10). Jésus au nom duquel les Chrétiens sont appelés à adresser leurs requêtes (Jean 14 :13) est au milieu de ses enfants qui s'unissent en son nom afin de répondre favorablement à leurs prières.

Le Plan de Dieu pour l'Unité

L'Apôtre Jean affirme que celui qui fait ce qui est agréable à Dieu doit recevoir ce qu'il lui demande, et cette volonté c'est l'unité de ses enfants.

Le Sujet de Prière de Jésus

Jésus lui-même priait pour l'unité des croyants (Jn 17:11, 21–23). Dans sa pensée, ses fidèles doivent constituer un seul troupeau[40] avec un seul berger (Jean 10 :16). Ils forment ainsi, dans le langage paulinien, un même corps (Rom 12:4–5; 1 Cor 10:17; 12:12–13, 27; Éph 2:16; 4:4). C'est pourquoi le moyen par lequel les Chrétiens Philippiens pouvaient rendre la joie de l'Apôtre Paul parfaite, c'est en « ayant un même sentiment, un même amour, une même âme, une même pensée » (Philippiens 2:2).

---

[39]William Hendriksen and Simon J. Kistemaker, vol. 9, *New Testament Commentary : Exposition of the Gospel According to Matthew*, Accompanying Biblical Text Is Author's Translation., New Testament Commentary (Grand Rapids: Baker Book House, 1953-2001), 703.

[40]*The NASB Topical Index*, electronic ed. (La Habra, CA: The Lockman Foundation, 1998).

Déclaration du Psalmiste

David, dans Psaumes 133 donne une raison additionnelle pour laquelle l'unité des Chrétiens est une condition nécessaire pour l'exaucement de Dieu. Il déclare, « voici, oh! Qu'il est agréable, qu'il est doux Pour des frères de demeurer ensemble!... Car c'est là que l'Éternel envoie la bénédiction, La vie, pour l'éternité » (vs.1, 3b). C'est donc dire que la bénédiction de Dieu est conditionnée par le fait que des frères en Christ soient ensembles. Dans un tel contexte où Dieu voudrait les bénir, il est tout à fait évident que s'ils élèvent des prières, celles-ci seraient exaucées.

L'Impact de l'Unité

Le Psaume 133 donne également le contexte dans lequel Dieu envoie sa bénédiction. Le Psalmiste révèle que quand les frères demeurent ensemble, c'est doux et agréable. La comparaison à l'huile qui coule de la tête aux bords des vêtements dénote l'abondance d'une bénédiction de prêtrise (voir 1Sam 10 :1). En d'autres termes, la prière d'ensemble d'un groupe de prière est reçue comme celle effectuée par un prêtre qui a une grande onction. Certains estiment[41] que le parallèle dressé avec la rosée de l'Hermon est mentionné en raison de son extraordinaire richesse et abondance. Elle impartie la vie et la fertilité. Ainsi, les prières faites d'un commun accord pourraient procurer des avantages énormes.

Illustrations

Cas de la Pentecôte

La promesse de Christ qui dit « je suis au milieu d'eux » est observée à l'occasion de la Pentecôte. Le livre des Actes rapporte que « Le jour de la Pentecôte, ils étaient tous ensemble dans le même lieu. Tout à coup il vint du ciel un bruit comme celui d'un vent impétueux, et il remplit toute la maison où ils étaient assis...

---

[41]Charles A. Briggs and Emilie Grace Briggs, *A Critical and Exegetical Commentary on the Book of Psalms* (New York: C. Scribner's Sons, 1906-07), 475.

Et ils furent tous remplis du Saint –Esprit » (Act 2:1-2,4). Paul définit cet esprit qui avait été promis comme l'Esprit du Fils de Dieu (Gal 4 :6). Pour s'être assemblés, ils n'étaient plus orphelins, mais Jésus était venu en eux par le biais de son Esprit (Jean 14 :18,17). Tandis qu'ils étaient un et priaient, beaucoup de prodiges et de miracles indéniables s'opéraient fréquemment par les apôtres (Act 2 :42-44).

Cas des Hébreux à Babylone

De même, dans l'histoire des jeunes Hébreux dans une fournaise ardente à Babylone, on voit apparaitre Jésus (Dan 3 :15-18). Ces derniers étaient unanimes pour obéir inconditionnellement au deuxième commandement de la Bible (Exo 20 :4-5), défiant ainsi publiquement l'ordre du roi. Les trois étant dans la fournaise, on observa « la figure du quatrième [qui ressemblait] à celle d'un fils des dieux » (Dan 9 :25). Ce dernier ne pouvait être autre que Jésus-Christ. C'est son royaume qui était représenté, dans la vision de Nebucadnezzar par la petite pierre qui mettait fin aux royaumes du monde (Dan 2 :44-45 ; voir Act 4 :11 ; 1Pi 2 :6 ; Mat 24 :30).

CHAPITRE 9

LE JEÛNE

Dans certaines conditions, il peut s'avérer nécessaire de recourir au jeune afin d'être exaucé par Dieu. Dans son analyse d'Esa 58 :4, Tony Evans[42] remarque que la bonne raison pour laquelle le jeûne doit être pratiqué, c'est « pour que votre voix soit entendue en haut».

Le jeûne dont il est question dans ce chapitre ne se réfère pas à celui des sociétés modernes[43] qui est une protestation ou une menace d'autodestruction, pour mettre une pression sur les hautes autorités dans le but de recevoir des avantages ou des réclamations des personnes impliquées. Il ne s'agit pas d'un jeûne politique à l'instar de celui de Mahatma Gandhi de l'Inde pendant sa lutte contre l'autorité Britannique. Il ne s'agit pas non plus de son usage comme cure médicale[44] pour certaines maladies.

Il s'agit plutôt du jeûne biblique qui est une abstinence volontaire[45], souvent prolongée de nourriture et parfois d'eau. C'est une discipline spirituelle qui apparait dans l'Ancienne Israël comme une consécration additionnelle dans les actes religieux tels que la prière (1 Roi 12:27–29; Jon 3:5).

Faux Jeûne

Jeûne Ostentatoire

Jésus enseigne que le mobile du jeûne peut être dévié lorsqu'il devient ostentatoire, c'est –à-dire qu'on jeûne pour être vu des hommes. Dans Mat 6:16, il

---

[42] Tony Evans, *Tony Evans Speaks Out on Fasting*.(Chicago, IL: Moody Press, 2000), 9.

[43] Leland Ryken, Jim Wilhoit, Tremper Longman et al., *Dictionary of Biblical Imagery*, electronic ed. (Downers Grove, IL: InterVarsity Press, 2000, c1998), 273.

[44] James Orr, M.A., D.D., *The International Standard Bible Encyclopedia : 1915 Edition*, ed. James Orr (Albany, OR: Ages Software, 1999).

[45] David Noel Freedman, Allen C. Myers and Astrid B. Beck, *Eerdmans Dictionary of the Bible* (Grand Rapids, Mich.: W.B. Eerdmans, 2000), 456.

dit, « lorsque vous jeûnez, ne prenez pas un air triste, comme les hypocrites, qui se rendent le visage tout défait, pour montrer aux hommes qu'ils jeûnent. Je vous le dis en vérité, ils reçoivent leur récompense ». Dans ce contexte, il fustige l'ostentation en pratiquant la justice (v.1), en faisant l'aumône (v.2), en priant (5), en jeûnant (v.16). Jésus pense qu'il est déconseillé de sonner des trompettes métaphoriques[46] en faisant une publicité de cette discipline spirituelle. La conséquence de ce mauvais jeûne est clairement présentée par Jésus en ces termes : « je vous le dis en vérité, ils reçoivent leur récompense» (Mat 6:16).

Dieu révèle par le prophète Ésaïe qu'il y a des faux jeûnes auxquels Dieu ne peut prendre pas plaisir (Esaïe 58 :5), et qui par conséquent ne sont d'aucune utilité à ceux qui les pratiquent.

Oppression dans le Jeûne

Au lieu de changer les mobiles[47] et de reformer la vie, le jeûne des Juifs était devenu un prétexte pour opprimer les faibles, pour dérober les veuves et les orphelins, pour se livrer à toutes formes de corruptions, de supercheries et d'injustice (Ésa 1:17, 23; Os 4:2; Amo 2:6; 3:10; 4:1; 5:11; 8:4–6; Mich 6:11, 12). Il est à noter que l'oppression du prochain était en effet interdite par Dieu (Lév 19 :13 ; Jas 5 :4). Le jeûne devrait au contraire être une occasion pour faire uniquement ce qui plaît à Dieu.

Le jeûne n'est pas non plus un moyen hypocrite d'acheter[48] la faveur de Dieu malgré la méchanceté deses actions (Ésaïe 58 :3). Selon Jésus dans son Sermon sur la Montagne, les hypocrites prennent un air triste et rendent leur visage défait pour se faire remarquer ou s'exhiber. Christ affirme qu'une telle attitude empêche la réponse favorable de Dieu. La vraie religion qui suscite la faveur de Dieu consiste plutôt à « visiter les orphelins et les veuves dans leurs afflictions, et à se préserver des souillures du monde » (Jas 1:27). Elle consiste à pratiquer la justice, la miséricorde et l'humilité (Mich 6:8 ; voir Ésa 57:15).[49]

---

[46]Francis D. Nichol, *The Seventh-day Adventist Bible Commentary : The Holy Bible With Exegetical and Expository Comment.*, Commentary Reference Series (Washington, D.C.: Review and Herald Publishing Association, 1978), Mt 6:2.

[47]Ibid.

[48]Ibid.

[49]Ibid.

Les Occasions du Jeûne

Cas de Grande Détresse

Lorsque Anne éprouvait une grande détresse[50] à cause des mortifications que lui causait sa coépouse Peninna, non seulement elle allait prier dans le temple, mais elle cessa de s'alimenter. La Bible rapporte dans 1 Sam1:7 que « Chaque fois qu'Anne montait à la maison de l'Éternel, Peninna la mortifiait de la même manière. Alors elle pleurait et ne mangeait point ». Sa rencontre avec Eli dans le temple démontre que son abstinence de nourriture était accompagnée des prières. Il est écrit dans 1 Samuel 1:10, « et, l'amertume dans l'âme, elle pria l'Éternel et versa des pleurs ». Bien que la Bible ne parle pas de jeûne dans ce contexte, l'on remarque qu'il y a à la fois abstinence de nourriture et le fait de vaquer à la prière, c'est donc, selon James Orr le jeûne. En guise de conséquence, elle obtint un fils de la part de l'Éternel.

Ecarter un Danger Menaçant

Lorsque la menace pesait sur le peuple d'Israël et que Mardochée avait fait appel à Esther pour l'intercession, un jeûne avait été décrété. Il est écrit dans Est 4:15-16, « Esther envoya dire à Mardochée: Va, rassemble tous les Juifs qui se trouvent à Suse, et jeûnez pour moi, sans manger ni boire pendant trois jours, ni la nuit ni le jour. Moi aussi, je jeûnerai de même avec mes servantes, puis j'entrerai chez le roi, malgré la loi; et si je dois périr, je périrai.» La finalité de ce programme de jeûne fut que le danger avait été écarté, et l'ennemi avait été détruit.

De même aussi, au niveau national, les prières étaient accompagnées de jeûne dans des situations difficiles comme la guerre (Jug 20:26; 2 Chr 20:3), la peste (Joël 1:13 f), etc. Le jeûne servait à rechercher la faveur Divine et sa protection[51] face au danger menaçant.

---

[50] James Orr, M.A., D.D., *The International Standard Bible Encyclopedia : 1915 Edition*, ed. James Orr (Albany, OR: Ages Software, 1999).

[51] James Orr, M.A., D.D., *The International Standard Bible Encyclopedia : 1915 Edition*, ed. James Orr (Albany, OR: Ages Software, 1999).

Un autre exemple est celui de Josaphat qui proclama une jeûne pour tout Juda afin de rechercher le Seigneur quand les fils de Moab et Ammon se sont livrés en guerre contre lui (2 Chr 20:3).⁵² On note aussi des jeûnes pour les cas de calamités publiques, 2Sam 1:12, d'afflictions de l'église, (Luc 5:33-35), d'affliction d'autres personnes (Psa 35:13; Dan 6:18).⁵³

Recherche de la Direction Divine

Dans le but de rechercher la direction Divine, la prière n'est pas toujours suffisante,tel qu'on le voit à travers le récit d'Actes 13. Lors du service et du jeûne des prophètes et docteurs de l'église d'Antioche, le Saint-Esprit leur fit une révélation sur le choix des apôtres qui devaient aller servir Dieu (Act 13 :1-2). Il est écrit que « Barnabas et Saul, envoyés par le Saint -Esprit, descendirent à Séleucie, et de là ils s'embarquèrent pour l'île de Chypre. » C'est le Saint Esprit qui les avait choisis, et avaient parlé aux dirigeants d'église d'antan. Se peut-il que le Saint-Esprit veuilleencore parler à certains dirigeants religieux d'aujourd'hui, mais ne les trouve pas en train de jeûner. Ceux en effet qui dirigent l'œuvre de Dieu aujourd'hui et qui prient pour la direction divine peuvent recourir à la pratique du jeûne. Pourquoi ne pas êtrefréquemment dans les jeûnes comme l'Apôtre Paul dans ces deux textes (2Cor 6 :5 ; 11 :27). Ceux-ci peuvent êtrevolontaires ⁵⁴(tout comme dans le Grec νηστεία [nesteia]) conformément au premier texte afin de pratiquer une discipline spirituelle.

Pour Accompagner le Jeûne

Un certain nombre d'éléments sont présents dans les récits bibliques qui révèlentce qui peut accompagner le jeûne. Il s'agit de la prière, de la confession, de l'humiliation, de la méditation des Saintes-Écritures, voire des pleurs.

---

⁵²Leland Ryken, Jim Wilhoit, Tremper Longman et al., *Dictionary of Biblical Imagery*, electronic ed. (Downers Grove, IL: InterVarsity Press, 2000, c1998), 273.

⁵³R.A. Torrey, *The New Topical Text Book : A Scriptural Text Book for the Use of Ministers, Teachers, and All Christian Workers* (Oak Harbor, WA: Logos research Systems, Inc., 1995, c1897).

⁵⁴D. R. W. Wood, *New Bible Dictionary* (InterVarsity Press, 1996, c1982, c1962), 364.

La Prière

Dans le but d'implorer un heureux voyage des milliers de personnes vers la Judée, Esdras recourut au jeûne et à la prière. Il y avait un besoin urgent de la protection divine[55] pour les membres de la caravane. La Bible rapporte dans Esdras 8:23 que «c'est à cause de cela que nous jeûnâmes et que nous invoquâmes notre Dieu. Et il nous exauça». La prière accompagnée du jeûne eut pour effet l'exaucement de Dieu.

De même aussi, dans le récit de Dan 9, le prophète qui prie pour le peuple ne se contente pas de s'abstenir de nourriture. Au contraire, Daniel dit, « je tournai ma face vers le Seigneur Dieu, afin de recourir à la prière et aux supplications, en jeûnant et en prenant le sac et la cendre » (v.3). Le jeûne était donc accompagné de prières et de supplications.

La Repentance des Péchés

Tandis que l'arche était conduite dans la maison d'Abinadab à Kirjath-Jearim où elle demeura quarante jours, Samuel sentit le besoin de ramener le peuple vers l'Eternel afin de les délivrer de l'oppression des Philistins. Ils ne se contentèrent pas de jeûner simplement, mais ils se repentirent en jetant leurs idoles. Samuel rapporte qu'« ils s'assemblèrent à Mitspa. Ils puisèrent de l'eau et la répandirent devant l'Éternel, et ils jeûnèrent ce jour-là, en disant: Nous avons péché contre l'Éternel ! Samuel jugea les enfants d'Israël à Mitspa» (1 Sam 7:6).

Les résultats du jeûne accompagné de repentance se firent sentir. Pendant qu'ils étaient paniqués par l'attaque des Philistins, « les hommes d'Israël sortirent de Mitspa, poursuivirent les Philistins, et les battirent jusqu'au-dessous de Beth-Car » (v.11).

La recommandation de Dieu au prophète Joël fait croire avec Tony Evans[56] que le jeûne est une sérieuse occasion de revenir à Dieu. Une fois revenu à lui, on peut

---

[55] Francis D. Nichol, *The Seventh-day Adventist Bible Commentary : The Holy Bible With Exegetical and Expository Comment.*, Commentary Reference Series (Washington, D.C.: Review and Herald Publishing Association, 1978), Ezr 8:21.

[56] Tony Evans, *Tony Evans Speaks Out on Fasting.*(Chicago, IL: Moody Press, 2000), 15.

être convaincu qu'il va exaucer les prières. Dieu dit, « revenez à moi de tout votre cœur, avec des jeûnes, avec des pleurs et des lamentations ! Déchirez vos cœurs et non vos vêtements, et revenez à l'Éternel, votre Dieu; Car il est compatissant et miséricordieux, lent à la colère et riche en bonté, et il se repent des maux qu'il envoie» (Joe 2:12-13).

Le texte d'Ésa 58 :3-10 révèle que le vrai jeûne qui doit aider la personne à être exaucée doit amener la personne à reconsidérer son attitude. Il faut éviter de se soumettre ou de s'exposer à ses penchants. Il faut également s'évertuer à être bon envers tous. Pendant le jeûne, il faut aussi éviter des actes de méchanceté, des gestes menaçants et des injures. Durant la période de jeûne, il faut éviter des disputes et des querelles. Les actes de bonté et de charité peuvent accompagner le jeûne.

L'Humiliation

Dans l'AT, les occasions de jeûne pouvaient être accompagnées d'humiliations volontaires. C'était le cas de la grande confession nationale de Néhémie 9 dans laquelle les enfants d'Israël se rassemblèrent, se revêtirent de sacs, se couvrirent de poussière pour la célébration du jeûne. Jésus cependant recommanda une attitude quelque peu contraire dans les Evangiles. Il dit dans Mat 6:16-18,

> Lorsque vous jeûnez, ne prenez pas un air triste, comme les hypocrites, qui se rendent le visage tout défait, pour montrer aux hommes qu'ils jeûnent. Je vous le dis en vérité, ils reçoivent leur récompense. Mais quand tu jeûnes, parfume ta tête et lave ton visage, afin de ne pas montrer aux hommes que tu jeûnes, mais à ton Père qui est là dans le lieu secret; et ton Père, qui voit dans le secret, te le rendra.

Le texte révèle que l'attitude d'humiliation peut faire en sorte que le mobile soit dévié. Le mauvais mobile est de s'humilier uniquement pour se faire remarquer par les hommes, au risque de ne pas être exaucé par Dieu. Le jeûne et l'humiliation devraient plutôt être effectués dans la discrétion afin de viser les véritables mobiles : la repentance, l'exaucement de Dieu, etc.

La Lecture des Saintes-Ecritures

Après la destruction de Jérusalem, des jeûnes réguliers[57] étaient institués pour le peuple de Dieu (Zach 7:3, 5; 8:19). Le prophète Jérémie ordonna que Baruch lise le rouleau qui lui avait été révélé par Dieu devant le peuple à l'occasion du jeûne. Il donna cet ordre à Baruc : « Tu iras toi-même, et tu liras dans le livre que tu as écrit sous ma dictée les paroles de l'Éternel, aux oreilles du peuple, dans la maison de l'Éternel, le jour du jeûne; tu les liras aussi aux oreilles de tous ceux de Juda qui seront venus de leurs villes» (Jér 36:6).

De même, lors de la confession nationale de l'époque de Néhémie, la Bible rapporte que « Lorsqu'ils furent placés, on lut dans le livre de la loi de l'Éternel, leur Dieu, pendant un quart de la journée; et pendant un autre quart ils confessèrent leurs péchés et se prosternèrent devant l'Éternel, leur Dieu» (Néh 9:3). Le jeûne des enfants de Dieu d'aujourd'hui peut donc aussi être accompagné de la méditation de la Bible comme autrefois.

.

L'Abstinence Sexuelle

L'Apôtre Paul révèle que dans le but de vaquer pour un temps à la prière, il peut s'avérer nécessaire que l'homme et son épouse légitime s'abstiennent de l'acte sexuel. Paul dit en effet, « Ne vous privez point l'un de l'autre, si ce n'est d'un commun accord pour un temps, afin de vaquer à la prière» (1 Corinthiens 7:5). De même que les jeûnes sont quelques fois accompagnés d'abstinence de nourriture, elles le sont ici par l'abstinence des plaisirs sexuels.

On note également l'abstinence sexuelle à l'époque où Moise dirigeait le peuple d'Israël. Dans le but de sanctifier le peuple d'Israël afin de rencontrer Dieu a Sinaï, il leur était demandé de ne pas avoir de relation sexuelle (Exo 19 :10,14-15). Le sacrificateur ordonnait de même à l'époque de David que les Israelites pratiquent l'abstinence sexuelle pour des besoins de pureté spirituelle (1Sam 21 :4-5). Il est tout aussi possible aujourd'hui qu'une personne qui désire l'élévation spirituelle pratique cette forme de jeûne qui consiste en l'abstinence sexuelle.

On note le cas du roi de Babylone au sujet duquel il est dit dans Dan 6 :18, «le roi se rendit ensuite dans son palais; il passa la nuit à jeun, il ne fit point venir de

---

[57] John F. Walvoord, Roy B. Zuck and Dallas Theological Seminary, *The Bible Knowledge Commentary : An Exposition of the Scriptures* (Wheaton, IL: Victor Books, 1983-c1985), 1:1180.

concubine auprès de lui, et il ne put se livrer au sommeil». Son jeûne consistait justement à s'abstenir des relations sexuelles.

Les Avantages du Jeûne

Elévation Spirituelle

Dans la quête de l'élévation spirituelle visant par exemple la réception de la révélation[58] Divine, il peut s'avérer nécessaire de pratiquer le jeûne. Daniel, après avoir découvert par des livres qu'une ruine devait s'abattre sur Jérusalem, recourut à la prière au jeûne (Dan 9 :2-3). L'ange Gabriel s'approcha de lui, ouvrit son intelligence et l'instruisit.

De même aussi, lorsque Daniel décida de faire trois semaines de jeûne lorsqu'il lui fut révélé qu'une grande calamité allait s'abattre. Ce jeûne consistait en une alimentation restreinte qui excluait tous les mets délicats, la viande et le vin. C'est alors qu'il eut une grande vision dans laquelle Dieu lui fit des grandes révélations (Dan 10 :2-7).

Bien que le jeûne soit reconnu par sa propension en affaiblir physiquement la personne, ceci est un réel avantage. L'Apôtre Paul reconnaissait qu'il était fort dans ses états de faiblesses. Dans 2 Cor 12:10, il affirme que « …je me plais dans les faiblesses, … car, quand je suis faible, c'est alors que je suis fort ». L'on se souvient que Paul était fréquent dans la pratique des jeûnes (2Cor 6 :5).

Elévation Générale

Le jeûne se définit dans Ésaïe 58 comme « Un jour où l'homme humilie son âme» (v.5). Jacques donne justement ce conseil au sujet de l'humiliation quand il écrit, « humiliez-vous devant le Seigneur, et il vous élèvera » (Jas 4:10). L'Apôtre Pierre dit virtuellement la même chose : « Humiliez-vous donc sous la puissante main de Dieu, afin qu'il vous élève au temps convenable » (1 Pi 5:6). L'élévation c'est dans quel sens ? La suite du texte répond : « et déchargez-vous sur lui de *tous vos soucis*, car lui-même prend soin de vous» (v.7).

---

[58] Allen C. Myers, *The Eerdmans Bible Dictionary*, Rev., Augm. Translation of: Bijbelse Encyclopedie. Rev. Ed. 1975. (Grand Rapids, Mich.: Eerdmans, 1987), 377.

La Lumière

Le texte d'Ésa 58 révèle au verset 8 que par le jeûne auquel Dieu prend plaisir, la « lumière poindra comme l'aurore ». Il convient de rechercher la signification de la lumière dont il est question ici. On remarque avec Jerome H. Smith que dans l'AT que la lumière va souvent avec la justice des enfants de Dieu (voir Psa 37:6 ; 97:11 ; 112:4 ; Prov 4:18 ; Mal 4:2).[59]

La lumière a souvent représenté la présence Divine (Jn 1 :9,12). L'enfant de Dieu est censé être la lumière du monde (Mat 5 :14). Pour invoquer la présence de Dieu dans sa vie, il peut donc s'avérer nécessaire de recourir à un jeûne auquel Dieu prend plaisir.

Exaucement de Dieu

Le texte d'Ésaïe 58 va plus loin pour donner la finalité de la pratique du jeûne. Il est écrit au verset 9, « Alors tu appelleras, et l'Éternel répondra; Tu crieras, et il dira: Me voici! » Par ce verset, on découvre d'abord que Dieu peut exaucer en raison de la pratique du vrai jeûne. Aussi, on découvre un moyen de trouver celui qui disait autrefois aux exilés de Babylone, « Vous me chercherez, et vous me trouverez, si vous me cherchez de tout votre cœur. Je me laisserai trouver par vous, dit l'Éternel » (Jér 29:13-14).

La Guérison

L'une des promesses faites dans Ésa 58 au verset 8, c'est que « ta guérison germera promptement ». Point n'est besoin de questionner de quelle guérison il s'agit. Certains cas de maladies peuvent demander que l'on vaque non seulement à la prière, mais aussi au jeûne afin de recevoir l'exaucement de Dieu.

---

[59]Jerome H. Smith, *The New Treasury of Scripture Knowledge : The Most Complete Listing of Cross References Available Anywhere- Every Verse, Every Theme, Every Important Word* (Nashville TN: Thomas Nelson, 1992; Published in electronic form, 1996), 809.

David apprit que son fils était malade et il recourut aussitôt à la prière et au jeûne. La Bible rapporte que « David pria Dieu pour l'enfant, et jeûna; et quand il rentra, il passa la nuit couché par terre » (2 Sam 12:16). Malheureusement, Dieu disposa des choses selon sa providence. Pour le cas d'Anne, lorsqu'elle voulait guérir de sa stérilité, elle recourut à la prière et se priva de nourriture. Elle reçut l'exaucement de Dieu et obtint un fils (1Sam 1 :7, 12,19-20).

Comment Pratiquer le Jeûne

Pour découvrir comment pratiquer le jeûne, il est nécessaire non seulement de revoir de ce que Ésaïe et Jésus disent sur ce sujet, mais aussi de s'inspirer des hommes de Dieu dans la Bible qui l'ont effectué avec succès.

Les Types de Jeûnes

On distingue principalement trois sortes de Jeûnes[60] :
- Le jeûne normal par lequel on ne consomme pas de nourriture pendant une période de temps indiquée, bien que l'on puisse prendre des liquides.
- Le jeûne partiel par lequel l'alimentation est limitée par exemple à la seule prise des végétaux (voir Dan 10 :3). Sa durée peut être longue.
- Le jeûne absolu par lequel il y a abstinence totale de nourriture et des liquides sous toutes les formes. Ce dernier n'excède pas trois jours (voir Est 4:16).On note cependant l'exception de Moïse qui ne mangea ni ne but pendant quarante jours au Mont Sinaï en présence de Dieu (Exo 34:28).

La Durée du Jeûne

La durée du jeûne pourrait être d'une journée (2Sam 3 :35) ou d'une nuit (Dan 6 :18) ou de trois jours (Est 4 :16), sept jours (1Sam 31 :13), voire quarante jours

---

[60]Walter A. Elwell and Barry J. Beitzel, *Baker Encyclopedia of the Bible*, Map on Lining Papers. (Grand Rapids, Mich.: Baker Book House, 1988), 780.

(1Roi 19 :8).[61] Tout semble donc dépendre de chaque individu qui voudrait le pratiquer. Notons cependant que le fait qu'Esther ait limité le jeûne à sec à trois jours pourrait suggérer que pour des cas d'abstinence totale de nourriture, il ne faudrait pas excéder trois jours. Pour aller au-delà de trois jours, il serait recommandé de manger une fois par jours ou de pratiquer une alimentation restreinte qui exclurait les viandes.

---

[61] Allen C. Myers, *The Eerdmans Bible Dictionary*, Rev., Augm. Translation of: BijbelseEncyclopedie. Rev. Ed. 1975. (Grand Rapids, Mich.: Eerdmans, 1987), 377.

CHAPTITRE 10

LA PRIERE DU SEIGNEUR

Jésus avait donné un modèle de prière qui mérite d'être étudié afin d'en découvrir les caractéristiques. De toute évidence, il ne peut pas avoir de meilleure prière que celle qui est enseignée par le Seigneur lui-même. Voyons si cette prière corrobore aux enseignements bibliques cités ci-haut sur la prière qui marche.

S'il est vrai que la « demande de Salomon plut au Seigneur » (1 Roi 3 :10), celle qui est enseignée par Jésus pourrait aussi avoir en elle des éléments qui plairaient au Seigneur. Encore, une des raisons pour lesquelles nous ne sommes pas exaucés est que « nous ne savons pas ce qu'il nous convient de demander dans nos prières » (Rom 8 :26). Jésus disait dans Mat 6:9-13,

> Voici donc comment vous devez prier: Notre Père qui es aux cieux ! Que ton nom soit sanctifié; que ton règne vienne; que ta volonté soit faite sur la terre comme au ciel. Donne-nous aujourd'hui notre pain quotidien; pardonne-nous nos offenses, comme nous aussi nous pardonnons à ceux qui nous ont offensés; ne nous induis pas en tentation, mais délivre-nous du malin. Car c'est à toi qu'appartiennent, dans tous les siècles, le règne, la puissance et la gloire. Amen!

Notre

La Prière d'ensemble

Notons la remarque importante de Max Lucado[62] qui constate que cette prière commence par l'adjectif possessif « notre ». D'autres éléments additionnels dénotent la relation ensembliste qui unit celui qui prie à l'ensemble de la communauté. On note les expressions « notre Père», « notre pain quotidien », « nos offenses », « ceux qui nous ont offensé », « ne nous induis pas en tentation », « délivre-nous ». Cette récurrence d'adjectifs possessifs *nous* exclut l'individualité et nous conduit vers

---

[62]Max Lucado, *The Great House of God : A Home for Your Heart* (Dallas: Word Pub., 1997), 133.

l'appartenance, rejoignant l'idée selon laquelle l'union spirituelle de deux ou trois est suffisante pour faire descendre la présence de Dieu (Mat 18 :20).

Père Céleste

L'adjectif possessif « notre » utilisé en début de la prière indique la possession. Par cette prière, Jésus présente Dieu comme un Père qui nous appartient. Comprendre la relation entre un bon père et son enfant permettrait aussi de comprendre la relation qui nous lie à Dieu et nous rassure quand nous lui adressons des requêtes.

Un bon père a le souci du bien-être spirituel de sa famille[63]. Job offre des sacrifices en faveur de sa famille (Job 1:5); Josué s'engage à servir l 'Eternel avec sa maisonnée (Jos 24:15) ; Le bon père ne néglige pas le bien-être physique de ses enfants de même que Jésus se souciait toujours du bien-être physique des humains (Mat 17:14–18; Luc 8:40–56; Jean 4:43–54).

Il est impensable, aux dires de Christ que le père céleste puisse donner un serpent à son enfant qui désire un poisson (Mat 7:9–11). L'Apôtre Paul semble bien comprendre cette relation d'amour qui unit le Père à ses enfants dans l'introduction de ses épîtres, en souhaitant des bénédictions de la part de « Dieu notre Père » (1 Cor 1:3; Eph 1:2). Lui-même se désigne aussi comme père dans la foi pour Timothée (1 Tim 1:2) et de Tite (Tite 1:4 ; cf. 1 Thes 2:11).[64]

Dieu est plus qu'un père terrestre, il est le Père céleste (avec un amour céleste) dont les attributs dénotent sa propension et sa disposition à pourvoir répondre favorablement aux demandes de ses enfants. La Bible le présente[65] comme étant le Très-Haut (Psa 83:18; Act 7:48), remplit les cieux et la terre (1Rois 8:27; Jér 23:24), omnipotent (Gen 17:1; Ex 6:3), omniscient (Psa 139:1-6; Prov 5:21), omniprésent (Psa 139:7; Jér 23:23), amour (1Jean 4:8,16), incorruptible (Rom 1:23), éternel (De 33:27; Ps 90:2; Re 4:8-10), le seul sage (Rom 16:27; 1Tim 1:17), bon (Psa 25:8; 119:68), grand (2Chr 2:5; Ps 86:10), compatissant (Ex 34:6,7; Ps 86:5), lent à la colère (Num 14:18; Mich 7:1), incomparable (voirDe 4:35; Isa 44:6 ; Isa 43:10 ;Ex

---

[63]Leland Ryken, Jim Wilhoit, Tremper Longman et al., *Dictionary of Biblical Imagery*, electronic ed. (Downers Grove, IL: InterVarsity Press, 2000, c1998), 274.

[64]Ibid.

[65]R.A. Torrey, *The New Topical Text Book : A Scriptural Text Book for the Use of Ministers, Teachers, and All Christian Workers* (Oak Harbor, WA: Logos research Systems, Inc., 1995, c1897).

9:14; De 33:26; 2Sam 7:22; Isa 46:5,9; Jér 10:6), le seul bon (Mat 19:17).Les enfants étaient regardés dans l'Ancienne Israël[66] comme un don précieux de Dieu (Ps 127; 128).

Nom Sanctifié

Comment le Sanctifier

Comment le nom de Dieu sera-t-il sanctifié ? Le nom de Dieu est sanctifié de deux manières[67] :
- Par des actes Divins qui poussent les hommes à reconnaitre et à révérer Jéhovah comme en tant que Dieu (voir Exo 15:14, 15; Jos 2:9–11; 5:1; Psa 145:4, 6, 12). Ainsi, Dieu est prêt à démontrer sa puissance en exauçant.
- Par des personnes qui l'honorent en l'adorant et en lui obéissant tel qu'il se doit (voirEsa 58:13; Mat 7:21–23; Act 10:35; etc.).

Adoration et Obéissance

Dieu est prêt à sanctifier son nom (Ézé 36 :23) en répondant aux prières de ses enfants (voir Jn 14 :13). Les enfants de Dieu devraient par conséquent aussi le sanctifier en l'adorant et en se conduisant selon sa volonté. La prière ne change donc pas Dieu, mais pour être exaucé, celui qui prie doit honorer Dieu en le glorifiant et en lui devenant obéissant (voir Esa 58 :13). Dieu est déjà saint et les humains doivent répondre à cette sainteté par leur adoration et leur obéissance afin d'être exaucés.

Le Règne Vient

Demander que le règne vienne, c'est demander le pouvoir de vivre une vie d'obéissance. Jésus dit aux pharisiens qui le questionnaient dans Luc 17 :20-21 que

---

[66]David Noel Freedman, *The Anchor Bible Dictionary* (New York: Doubleday, 1996, c1992), 2:766.

[67]Francis D. Nichol, *The Seventh-day Adventist Bible Commentary : The Holy Bible With Exegetical and Expository Comment.*, Commentary Reference Series (Washington, D.C.: Review and Herald Publishing Association, 1978), Mt 6:10.

« le royaume de Dieu ne vient pas de manière à frapper les regards. On ne dira point: Il est ici, ou: Il est là. Car voici, le royaume de Dieu est au milieu de vous ». Manlio Simonetti[68] dresse un parallélisme entre ce texte et celui de Deut 30 :14. Il est écrit, « C'est une chose, au contraire, qui est tout près de toi, dans ta bouche et dans ton cœur, afin que tu la mettes en pratique» (Deut 30:14). Le règne de Dieu vient quand la loi de Dieu est mise en pratique. Chaque Chrétien qui prie doit être gouverné par Dieu en tant que Roi des Rois doit être obéissant aux lois spirituelles de Dieu, car le Royaume de Dieu doit être ordonné.

Le Pain de ce Jour

La venue du règne de Dieu est directement associée au pain spirituel quotidien. Jésus définit le pain quotidien lorsque les disciples le trouvent auprès du puits de Jacob, insoucieux du pain physique. Jésus dit, « Jésus leur dit: Ma nourriture est de faire la volonté de celui qui m'a envoyé, et d'accomplir son œuvre » (Jn 4:34). Il semble que dans la pensée Hébraïque, le pain (ou la nourriture) se réfère à ce qu'on fait au quotidien (voir Job 3 :24 ; 6 :7 ; Psa 42 :3 ; Jn 4 :34). Le Pain quotidien inclut[69] à la fois les provisions physiques et spirituelles.

Le Pardon des Offenses

Avec la venue du règne de Dieu dans nos vies, le pardon est inévitable. Dieu doit nous pardonner « comme nous aussi nous pardonnons à ceux qui nous ont offensés» (Mat 6:12). La raison pour laquelle les Chrétiens devraient pardonner est simple : « Si vous pardonnez aux hommes leurs offenses, votre Père céleste vous pardonnera aussi» (v.14).

En plus, si Dieu ne nous pardonne pas, comment exaucera-t-il nos prières ? Les Chrétiens devraient donc à la fois pardonner et demander le pardon des offenses afin que leurs prières reçoivent des réponses favorables.

---

[68] ManlioSimonetti, *Matthew 1-13*, Ancient Christian Commentary on Scripture NT 1a. (Downers Grove, Ill.: InterVarsity Press, 2001), 133.

[69] Francis D. Nichol, *The Seventh-day Adventist Bible Commentary : The Holy Bible With Exegetical and Expository Comment.*, Commentary Reference Series (Washington, D.C.: Review and Herald Publishing Association, 1978), Mt 6:12.

Eviter la Tentation

Le problème avec la tentation, c'est qu'un homme peut y tomber (Luc 22 :40 ; 1Tim 6 :9) et pécher contre la loi de Dieu. Le péché peut produire la convoitise, et « la convoitise, lorsqu'elle a conçu, enfante le péché» (Jas 1:15). Le péché, tel que vu dan Ésa 59 :1-2 Empêche l'exaucement Divin en créant une séparation entre l'homme et Dieu et l'empêche d'exaucer. Les prières des enfants de Dieu doivent de ce fait inclure la force d'éviter la tentation afin de s'assurer qu'ils seraient toujours exaucés.

La demande de ne pas nous induire en tentation est suivie de la conjonction de coordination « mais», une marque de l'opposition, et de la différence. Jésus dit, «ne nous induis pas en tentation, mais délivre-nous du malin » (Mat 6:13). C'est justement le malin qui nous tente (Mat 4 :3 ; 1Thes 3 :5), et notre chute nous empêche d'être exaucés. Il faut donc demander dans les prières d'être délivré de la puissance du malin afin de recevoir la réponse favorable de Dieu à nos prières.

La Consécration à Dieu

La prière de Jésus se termine par, « Car c'est à toi qu'appartiennent, dans tous les siècles, le règne, la puissance et la gloire. Amen !» (v.13). C'est une prière qui trouve sa raison d'être dans la reconnaissance de la souveraineté et de la toute-puissance éternelle de Dieu. Ceci constitue la base d'une bonne prière qui demande à être exaucée. Elle fonde sa foi sur l'action, non pas de celui qui prie, mais de celui à qui on adresse la prière. Le Chrétien doit prendre conscience qu'il prie simplement mais c'est Dieu qui agit pour accorder la chose demandée.

Conclusion

Au demeurant, pour que les prières des enfants de Dieu reçoivent une réponse favorable du Père céleste, il y a des conditions à remplir. Les demandes doivent être faites selon la volonté de Dieu dans le sens qu'elles doivent être bonnes selon le créateur. Les mobiles doivent être bons et viser le bien de l'humain.

Les prières doivent aussi être accompagnées de foi. A cet effet, plusieurs promesses dans la Bible peuvent être appropriées par les chrétiens. Même pour éteindre la puissance de l'ennemi, le chrétien y trouve son compte.

Un nom est donné aux chrétiens par lequel toutes formes de prières peuvent être exaucées : Il s'agit du nom de Christ. En tant qu'intercesseur et médiateur des humains, nous avons cette assurance qu'en demandant en son nom, Dieu écouterala prière et répondra favorablement. Point n'est besoin d'aller étudier d'autres noms à invoquer dans les prières.

Les prières ont parfois besoin de persistance. A l'instar de celles de la veuve injuste et de l'ami persistant, celui qui persiste dans de bonnes demandes doit s'assurer que Dieu répondra au moment le plus opportun. Il ne faudrait pas cependant se lasser de prier. Il faudrait au contraire avoir une programme continu de prières quotidiennes formelles jour et nuit en plus des prières informelles faites en tout temps et sans cesse. Trois prières formelles en journée s'avèrent nécessaires.

L'obéissance aux commandements nous met dans un état d'esprit où nous savons que Dieu va répondre aux prières que nous lui adressons. La violation constante de la parole de Dieu tue la foi. En cas de souvenance des transgressions commises, l'on peut cependant recourir la repentance. Dieu est tellement bon et fidèle qu'il pardonne celui qui regrette et abandonne ses mauvaises voies, afin de l'exaucer.

Quand les prières individuelles ne marchent pas, les prières faites en groupe peuvent encore marcher. Mais celles-ci doivent être faites d'un commun accord. Par conséquent, les désunions et les divisions doivent être bannies en cas de prière commune pour une même cause.

Quelques fois, les prières doivent être accompagnées de jeûnes pour être plus efficientes. Puisqu'il y a plusieurs formes de jeûnes, chacun devrait choisir le type qui lui convient. L'abstinence de nourriture peut être partielle, sélective ou totale. La pratique du jeûne suppose la repentance des péchés, l'humiliation, l'abstinence sexuelle et les méditations des Saintes-Ecritures, etc. les avantages qui en découlent sont pluriels.

De tout ce qui précède, il ressort que les hommes ne doivent plus blâmer Dieu de ne pas écouter les prières. Il écoute et exauce au contraire chaque fois que les conditions sont remplies. Ce n'est pas à Dieu de changer pour les prières lui soient favorables. C'est à l'homme qui prie de changer pour que ses multiples demandes soient satisfaites. Les miracles peuvent donc être opérés par tous les chrétiens, pourvu que les conditions d'exaucement soient remplies.

APPENDICE A

Abréviations des Textes Bibliques

Forme Abrégée	Nom du livre de l'AT	Forme Abrégée	Nom du livre du NT
Gen	Genèse	Mat	Matthieu
Exo	Exode	Mar	Marc
Lév	Lévitique	Luc	Luc
Nom	Nombres	Jn	Jean
Deut	Deutéronome	Act	Actes
Jos	Josué	1Cor	1Corinthiens
Jug	Juges	2Cor	2Corinthiens
Rut	Ruth	Éph	Ephésiens
1Sam	1Samuel	Phil	Philippiens
2Sam	2Samuel	Col	Colossiens
1Roi	1Rois	1Thes	1Thessaloniciens
2Roi	2Rois	1Tim	1Timothee
1Chr	1Chroniques	2Tim	2Timothee
2Chr	2Chroniques	Tit	Tit
Esd	Esdras	Phm	Philémon
Néh	Néhémie	Héb	Hébreux
Est	Esther	Jas	Jacques
Job	Job	1Pi	1Pierre
Psa	Psaumes	2Pi	2Pierre
Prov	Proverbes	1Jn	1Jean
Eccl	Ecclésiastes	2Jn	2Jean
Cant	Cantiques des Cantiques	3Jn	3Jean
Ésa	Ésaïe	Jud	Jude
Jér	Jérémie	Apoc	Apocalypse
Lam	Lamentations de Jérémie		
Ézé	Ezéchiel		
Dan	Daniel		
Os	Osée		
Joe	Joël		
Amo	Amos		
Abd	Abdias		
Jon	Jonas		
Mich	Michée		
Nah	Nahum		
Hab	Habacuc		
Soph	Sophonie		

Agg   Aggée
Zach   Zacharie
Mal   Malachie

APPENDICE B

Veille au matin,
Quand un ciel sans nuage
Semble annoncer
Un jour calme et serein.
C'est dans ton cœur
Que peut gronder l'orage
Qui fait tomber le pèlerin.

Refrain

Veille au matin,
Veille le soir,
Veille et prie toujours. Veille à midi,

Quand les bruits de la terre
Font oublier le céleste séjour;
Trouve un instant
Pour être solitaire
Dans la prière
Et dans l'amour.

Veille le soir,
Quand se fait le silence;
Pense aux bienfaits
De ton céleste Ami;
Cherche avec soin
Sa divine présence,
Verse en son cœur
Tout ton souci.

Veille toujours,
En tous lieux, à toute heure.
Car l'ennemi te guette
À chaque instant,
Pour se glisser
Dans la sainte demeure
Où doit régner
Le Tout-Puissant.

Bibliographie

Balz, Horst Robert and Schneider, Gerhard. *Exegetical Dictionary of the New Testament*, Translation of: Exegetisches Worterbuch Zum Neuen Testament. Grand Rapids, Mich.: Eerdmans, 1990-c1993.

Briggs, Charles A. and Briggs, Emilie Grace.*A Critical and Exegetical Commentary on the Book of Psalms*.New York: C. Scribner's Sons, 1906-07.

Bromiley, Geoffrey W. *The International Standard Bible Encyclopedia, Revised*. Wm. B. Eerdmans, 1988; 2002.

Easton,M.G. *Easton's Bible Dictionary*. Oak Harbor, WA: Logos Research Systems, Inc., 1996, c1897.

Elwell, Walter A. and Beitzel, Barry J. *Baker Encyclopedia of the Bible*, Map on Lining Papers. Grand Rapids, Mich.: Baker Book House, 1988.

Elwell, Walter A. and Comfort,Philip Wesley,*Tyndale Bible Dictionary*, Tyndale reference library.Wheaton, Ill.: Tyndale House Publishers, 2001.

Evans, Tony.*Tony Evans Speaks Out on Fasting*.Chicago, IL: Moody Press, 2000.

Freedman, David Noel.*The Anchor Bible Dictionary*.New York: Doubleday, 1996, c1992.

Freedman, David Noel., Myers, Allen C. and Astrid B. Beck.*Eerdmans Dictionary of the Bible*.Grand Rapids, Mich.: W.B. Eerdmans, 2000.

Fruchtenbaum, Arnold G.*The Messianic Jewish Epistles : Hebrews, James, First Peter, Second Peter, Jude*, 1st ed. Tustin, CA: Ariel Ministries, 2005.

Harper, Collins.Concise Dictionary, electronic ed. Glasgow: HarperCollins, 2000, c1999.

Hendriksen, William and Kistemaker, Simon J. vol. 9,*New Testament Commentary : Exposition of the Gospel According to Matthew*, Accompanying Biblical Text Is Author's Translation., New Testament Commentary. Grand Rapids: Baker Book House, 1953-2001.

HymnesetLouanges, No 366.

Inc. Logos Research Systems, *TheLexham Analytical Lexicon to the Greek New Testament*. Logos Research Systems, Inc., 2008; 2008.

Josephus, Flavius and Whiston, William. *The Works of Josephus : Complete and Unabridged*, tncludes Index. Peabody: Hendrickson.

Kistemaker, Simon J. and Hendriksen, William vol. 14, *New Testament Commentary: Exposition of James and the Epistles of John*, Accompanying Biblical Text Is Author's Translation., New Testament Commentary. Grand Rapids: Baker Book House, 1953-2001.

Lucado, Max. *The Great House of God : A Home for Your Heart*. Dallas: Word Pub., 1997.

Mason, Steve. *Josephus and the New Testament*.Peabody, Mass.: Hendrickson Publishers, 1992.

Myers, Allen C. *The Eerdmans Bible Dictionary*, Rev., Augm. Translation of: BijbelseEncyclopedie. Rev. Ed. 1975. Grand Rapids, Mich.: Eerdmans, 1987.

Nichol, Francis D. *The Seventh-day Adventist Bible Commentary : The Holy Bible With Exegetical and Expository Comment.*, Commentary Reference Series. Washington, D.C.: Review and Herald Publishing Association, 1978.

Orr, James., M.A., D.D., *The International Standard Bible Encyclopedia : 1915 Edition*, ed. James Orr. Albany, OR: Ages Software, 1999.

Reid, Daniel G., Linder and Robert. Dean Bruce and Shelley, L. and Stout, Harry S. *Dictionary of Christianity in America*. Downers Grove, Ill.: InterVarsity Press, 1990.

Ryken, Leland and Wilhoit, Jim and Longman, Tremper et al., *Dictionary of Biblical Imagery*.electronic ed. Downers Grove, IL: InterVarsity Press, 2000, c1998.

Ryken, Leland.,Wilhoit, Jim., Longman,Tremper.et al., *Dictionary of Biblical Imagery*, electronic ed. Downers Grove, IL: InterVarsity Press, 2000, c1998..

Simonetti, Manlio*Matthew 1-13*, Ancient Christian Commentary on Scripture NT 1a. (Downers Grove, Ill.: InterVarsity Press, 2001), 133.

Smith, Jerome H. *The New Treasury of Scripture Knowledge : The Most Complete Listing of Cross References Available Anywhere- Every Verse, Every Theme,*

Every Important Word. Nashville TN: Thomas Nelson, 1992; Published in electronic form, 1996.

Soanes, Catherine and Stevenson, Angus.*Concise Oxford English Dictionary*, 11th ed. Oxford: Oxford University Press, 2004.

SociedadeBíblicadoBrasil, *ConcordânciaExaustiva Do ConhecimentoBíblico*. SociedadeBíblicadoBrasil.2002; 2005.

Swanson, James and Nave, Orville. *New Nave's*. Oak Harbor: Logos Research Systems, 1994.

The NASB Topical Index, electronic ed. (La Habra, CA: The Lockman Foundation, 1998).

Torrey,R.A. *The New Topical Text Book : A Scriptural Text Book for the Use of Ministers, Teachers, and All Christian Workers*. Oak Harbor, WA: Logos research Systems, Inc., 1995, c1897.

Unger, Merrill Frederick., Harrison, R. K., Frederic, Howard Vos et al.*The New Unger's Bible Dictionary*, Revision of: Unger's Bible Dictionary. 3rd Ed. c1966., Rev. and updated ed. Chicago: Moody Press, 1988.

Webster, Merriam.*Merriam-Webster's Collegiate Dictionary.*, Includes Index., 10th ed. Springfield, Mass., U.S.A.: Merriam-Webster, 1996, c1993.

Wood, D. R. W. *New Bible Dictionary*.InterVarsity Press, 1996, c1982, c1962..

Oui, je veux morebooks!

I want morebooks!

Buy your books fast and straightforward online - at one of the world's fastest growing online book stores! Environmentally sound due to Print-on-Demand technologies.

Buy your books online at
www.get-morebooks.com

Achetez vos livres en ligne, vite et bien, sur l'une des librairies en ligne les plus performantes au monde!
En protégeant nos ressources et notre environnement grâce à l'impression à la demande.

La librairie en ligne pour acheter plus vite
www.morebooks.fr

SIA OmniScriptum Publishing
Brivibas gatve 1 97
LV-103 9 Riga, Latvia
Telefax: +371 68620455

info@omniscriptum.com
www.omniscriptum.com

Printed by Books on Demand GmbH, Norderstedt / Germany